『歎異抄』ワールドにようこそ

浄土真宗本願寺派総合研究所

現代は、価値観が多様化し、さまざまな情報が飛び交い、「何が真実であるか」が見失われがちな時代と言えます。また、人間関係に疲れ生きづらさを抱え、「孤独」がキーワードともなっています。そんな時代に、特に若い人たちにぜひ読んでもらいたいのが、この『歎異抄《たんにしょう》』です。

『歎異抄』は、親鸞聖人《しんらんしょうにん》の弟子であった唯円《ゆいえん》が聞き覚えていた聖人のお言葉を語録として書きとどめたものです。そこに記される、感性豊かな若き唯円ならではの切実な苦悩に対しての親鸞聖人の生《なま》の言葉が、同じように苦悩を抱える現代の若い人たちにも、必ずや響いてくると思います。

原文（古文）の力強さにふれるとともに、その劇的な内容が伝わるようにとの意図で、おもいっきり「現代語訳」してくださった井上見淳先生の「劇場型」ともいえる訳を通して、その臨場感を味わってください。そして、一ノ瀬かおる先生によるユニークで繊細なイラスト。さらには、学習の一助ともなるように、いろんな資料も添えました。各条のＰｏｉｎｔは当研究所の満井秀城が担当しています。『歎異抄』の魅力が、この一冊に集約されています。

さあ、どうぞ、どこからでもお読みください。

目 次

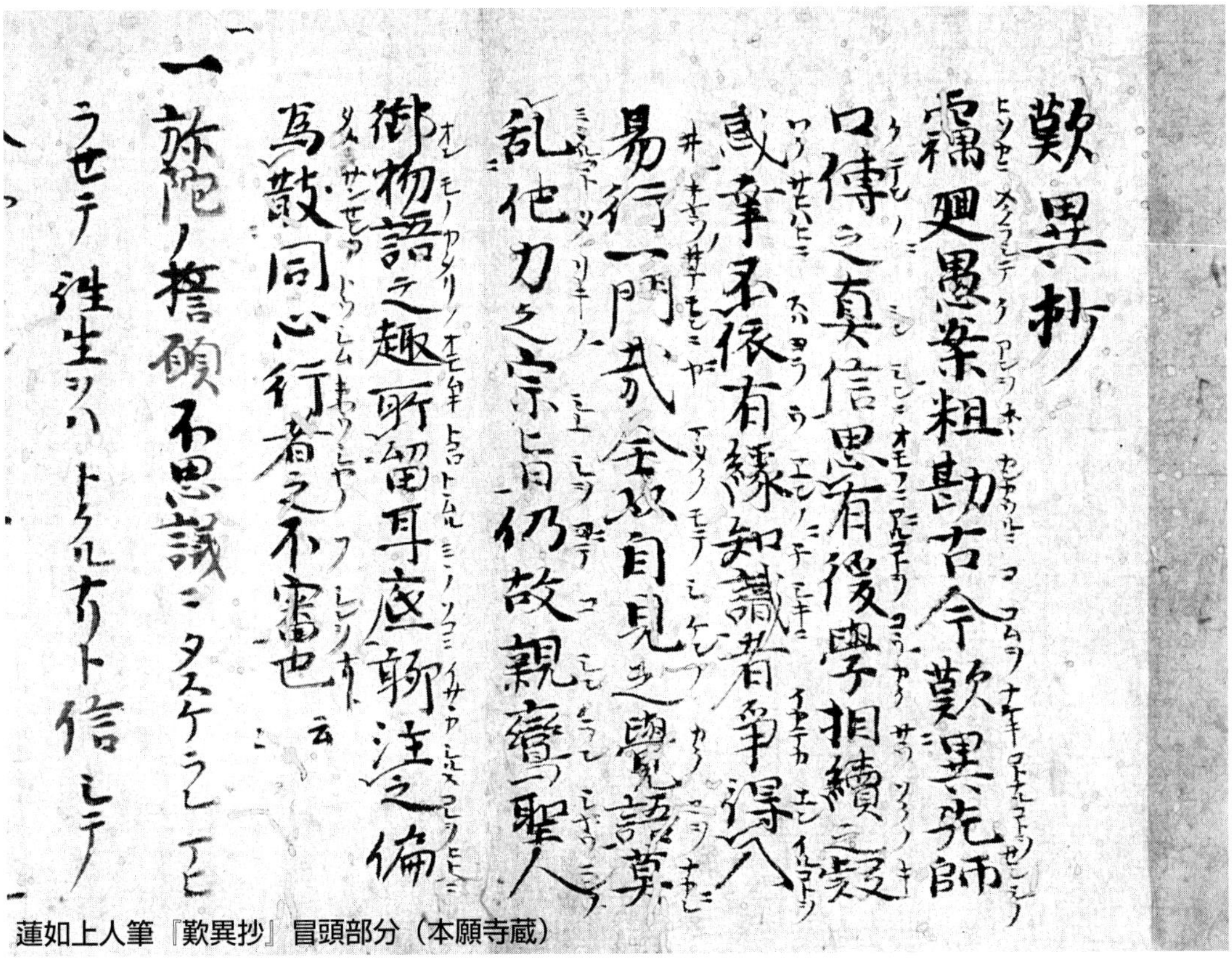
歎異抄
竊廻愚案粗勘古今歎異先師
口傳之真信思有後學相續之疑
惑幸不依有緣知識者爭得入
易行一門哉全以自見之覺語莫
亂他力之宗旨仍故親鸞聖人
御物語之趣所留耳底聊注之偏
爲散同心行者之不審也 云々
一 彌陀ノ誓願不思議ニタスケラレマヒ
ラセテ往生ヲハトクルナリト信シテ

蓮如上人筆『歎異抄』冒頭部分（本願寺蔵）

本書のナビゲーター

若先生

浄土真宗の僧侶で、地域の子どもたちのお兄さん的存在。月に１回、お寺の「日曜学校」を続けていて、「若先生」と呼ばれている。

カオリ

小さい頃からお寺に遊びにきている高校生。授業で『歎異抄』を知り、もっと知りたくなった。

プロローグ

カオリ　若先生、こんにちは！

若先生　おおー、カオリちゃん。久しぶり！　どうかした？

カオリ　実は、このあいだ学校の授業で、親鸞《しんらん》さまや『歎《たん》異抄《にしょう》』っていう本が出てきたんだけどね、教科書の説明だけではよくわからなくってさ。『歎異抄』って浄土真宗の本でしょ。だから、若先生に詳しく教えてもらおうと思って来たの。

若先生　なるほどそういうことか。でも、『歎異抄』に興味をもつなんて、珍しいね。だいたいみんな、「ふーん」で終わっちゃうからね。

カオリ　たしかにそうかも（笑）わたし、教科書に「悪人が救われる」と書かれてあって、なんか気になったの……。最近ちょっと自己嫌悪というか、モヤモヤしてるから。

若先生　なんかあったの？

カオリ　わたし、小さい頃からずっと「いい子」って言われてて……。

若先生　うん、うん。

カオリ　でも、本当はそうじゃないもん。だって、同じクラブの友達が全国大会に出たときも、嫉妬《しっと》して素直に喜べなかったし。この間も、親友から彼氏のことを相談されて、ふんふんって聞いてあげるんだけど、どこか「うざいなぁ」って思ってる自分がいて……。

若先生　そっか、最近、自分の中でいろいろあったんだね。そういう時あるよね。

カオリ　そうなの。それで『歎異抄』の「悪人が救われる」っていう言葉がなんとなく気になったの。

若先生　カオリちゃん。『歎異抄』という書物を読むとね、僕はいつも、自分では気づけなかったようなものの見方や、忘れていた大切なことを思いださせてもらってね、楽になる気がするんだよね。じゃあ、せっかくだし、この本について紹介しよう。一緒に読んでみようか。

カオリ　うん。ありがとう、若先生。

『歎異抄』のあらまし

『歎異抄《たんにしょう》』は教科書にも登場する有名な書物です。でも、名前は知っているけど、どんな書物かわからない人は多いんじゃないかな。『歎異抄』を書いたのは親鸞《しんらん》さまだと思っていた人、いますよね？ 実は私も…。そこでまずは、基本的な内容について、若先生に質問をしてみました。『歎異抄』のあらましをさくっとおさえちゃいましょう！

Q.『歎異抄』を書いたのは誰なの？

A. 『歎異抄』の著者は、実のところ謎なんだ。なぜなら『歎異抄』には著者名が記されていないからね。だから、誰が書いたのかを確定することは困難なんだよね。

著者について昔は、親鸞さまの孫の如信《にょしん》さま（1235～1300）や、ひ孫の覚如《かくにょ》さま(1270～1351)という方々の名前が挙がっていたけど、現在は、常陸《ひたち》の河和田《かわわだ》（現在の茨城県水戸市）というところに住んでいた、唯円《ゆいえん》(1222～1288頃)というお坊さんだと考えられている。唯円さんは親鸞さまのお弟子さんだよ。

著者が唯円さんであるとされた理由はいくつかあるんだけど、その一つが、『歎異抄』の言葉遣いにある。『歎異抄』には、唯円さんが親鸞さまの対話相手として2度（第九条と第十三条）登場するんだ。ここでの『歎異抄』の表現を文法的に詳しく見ていくと、著者は唯円さん以外に考えられない、ということになったんだ。

唯円という方は、自身の信仰のあり方に悩み、遠く関東から危険な旅をして京都へのぼり、親鸞さまの教えを命をかけて求めた人なんだ。その唯円さんの心に響き、その人生を支えた親鸞さまの言葉を記したのが『歎異抄』なんだよ。その事実を思うとき、『歎異抄』の重みは、よりいっそう増すんではないかと、僕は思ってるんだ。

しんらんさま…
しんらんさま!
老境の唯円
若き唯円

Q. 唯円さんが親鸞さまと出会ったのはいつなの？

A. 唯円さんは30代半ばまでには親鸞さまとお会いしていると考えられているんだ。2人の年齢差は49歳だから、そのころ親鸞さまは80歳を過ぎていらっしゃったことになるね。かなりのご高齢だよ。

これから『歎異抄』を読んでいくにあたり、まず、まっすぐに教えを求める若き唯円さんと、かつての自分を見るような眼差《まなざ》しで唯円さんに語りかける親鸞さまを思い浮かべてみてね。

思い浮かべてみる…

Q. 唯円さんが『歎異抄』を書いたのはいつなの？

A. 唯円さんは『歎異抄』を書いている自分自身を、「枯れ草のような老いぼれたこの身」(77頁)と表現しているから、『歎異抄』は約70年の生涯を生きた唯円さんの晩年の書と推定されるね。つまり唯円さんが親鸞さまに出会ってから30年という長い時間が経った頃、現状を歎《なげ》き、若き頃の親鸞さまとのやりとりを思い出して記されたのが『歎異抄』という書物なんだ。長い時間が経過しているのに、『歎異抄』には親鸞さまのたくさんの言葉がとても生き生きと記されていてね。『歎異抄』の言葉がいかに唯円さんの人生に大きなインパクトを与えたのかが伝わってくるよ。

老境の唯円が若き自分と親鸞さまを思い起こしてかいたものが歎異抄なのです
この時間軸がポイントなんです！

Q. なぜ、唯円さんは『歎異抄』を書いたの？

A. 『歎異抄』第一条に、「弥陀《みだ》の本《ほん》願《がん》には、老少《ろうしょう》・善悪《ぜんあく》のひとをえらばれず…」（21頁）という親鸞さまのお言葉が出てくるけどね、阿弥陀さまの教えとはいかなる人間であっても救うというものなんだ。それは善人は善人のまま、悪人は悪人のまま救われていく教えだということもできる。しかし、「悪人が悪人のまま救われる」、あるいは「悪人こそまさしき救いの対象である」（悪人正機《あくにんしょうき》）という教えは、どういうことかなと思ってなかなかすんなり受けとめられないよね。ましてや、「修行を重ね、賢く善い人になってこそ救われる」という仏教的常識を心得ていた当時の人たちがそのまま受けとることはとても難しかったはず。事実、親鸞さまがお亡くなりになったあと、親鸞さまの教えを自分勝手に受けとめ、誤解する人たちが多くなっていったんだ。唯円さんはそんな状況を歎き悲しみ、老い衰えた身を削って、みずからが聞いた親鸞さまのお言葉を残したんだ。

唯円さんは『歎異抄』の終わりに、親鸞さまの教えをうけた仲間のなかで信心が異なることがないようにと強く念じて、泣く泣く筆をとり『歎異抄』を書いた、と記している（80頁）。『歎異抄』には、親鸞さまの教えを正しく受けとり、救いに出遇《であ》ってほしいという唯円さんの強い思いが込められているんだ。

Q. 唯円さん直筆の『歎異抄』は見られますか？

A. 残念ながら、唯円さん直筆の『歎異抄』は残っていないんだ。どうやら歴史の彼方に消えてしまったようだね。今はね、数本の写本が伝わっていて、最古の写本は、室町時代に本願寺の蓮如上人《れんにょしょうにん》（1415〜1499）が書写されたものになる。

下の写真は、「右《みぎ》この聖教《しょうぎょう》は、当《とう》流《りゅう》（浄土真宗）大事《だいじ》の聖教《しょうぎょう》となすなり。無宿善《むしゅくぜん》の機《き》（教えを聞く機が熟していない者）においては、左右《さう》なく、これを許《ゆる》すべからざるものなり。釈蓮如《しゃくれんにょ》」と書かれた蓮如上人の有名な奥《おく》書《がき》部分だよ。

【『歎異抄』の構成】

・前　序…唯円さんの『歎異抄』執筆理由
・第一条〜第十条…親鸞さまの語録（師訓篇《しくんへん》）
・中　序…後の八条の序文
・第十一条〜第十八条…唯円さんの異義批判（異義篇《いぎへん》）
・後　序…唯円さんの述懐と執筆理由
・流罪記録…親鸞さまが流罪となった「承元《じょうげん》の法難《ほうなん》」の記録

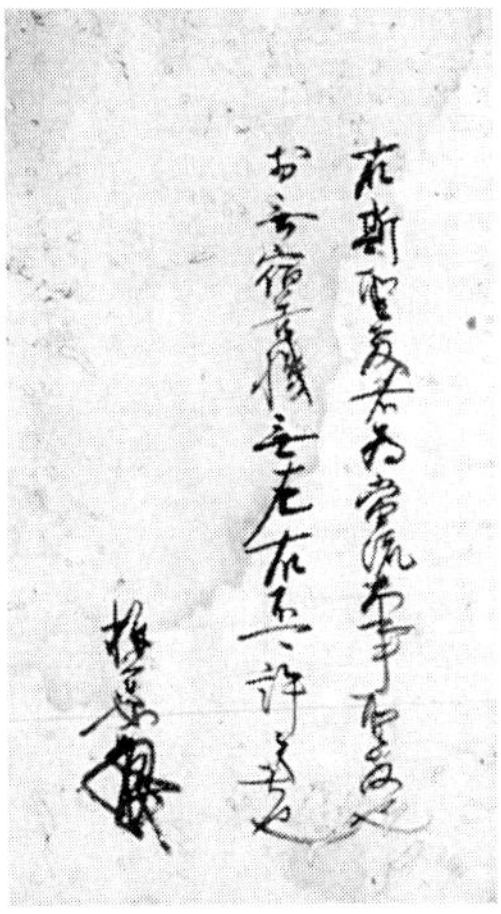

『歎異抄』奥書（本願寺蔵）

Q. 『歎異抄』はどれくらいの長さなの？

A. 『歎異抄』（蓮如上人書写本）は「前序《ぜんじょ》」「中序《ちゅうじょ》」「後序《ごじょ》」という三つの序文と、箇条書きになった十八条の本文、そして「流罪《るざい》記録」と呼ばれる史料で構成されていて、文庫本にすると20頁ぐらいの長さになるかな。そんな文庫本ないけどね（笑）

上の枠にそれぞれの内容を簡単に示してみたよ。本文の十八条のうち、前十条が親鸞さまの語録（師訓篇《しくんへん》）、後の八条が唯円さんが当時の誤った考え方（異義）を批判していく内容（異義篇《いぎへん》）になっているんだ。

『歎異抄』に魅了された人たち

実はね、日本を代表する哲学者や文豪のなかにも、『歎異抄』に感銘を受けた人たちがたくさんいるんだ。ここでは、そういった人たちの言葉を紹介するよ。『歎異抄』の魅力を知るヒントになると思うよ。

他の書物が一切なくなったと仮定しても『臨済録《りんざいろく》』と『歎異抄』さへあれば・・・。『歎異抄』には名刀をつきつけたようなところがある。

西田《にしだ》 幾多郎《きたろう》（哲学者）
（1870〜1945）

日本を代表する哲学者の1人。京都学派の創始者。上記の言葉は、西田幾多郎に師事した西谷啓治《にしたにけいじ》によって、「わが師西田幾多郎先生を語る」と題した文のなかで紹介されたもの。

出典：『西谷啓治著作集・第9巻』（創文社）

歎異抄は、私の知っている限り、世界のあらゆる文章の中で、1番内面的な、求心的《きゅうしんてき》な、そして本質的なものである。文学や、宗教領域の中、宗教の中でも最も内面的な仏教、その中でも最も求心的な浄土真宗の1番本質的な精髄ばかりを取り扱ったものである。コーランや、聖書もこれに比べれば外面的である。日《にち》蓮《れん》や、道元《どうげん》の文章も、この歎異抄の文章に比べれば、なお外面世界の、騒がしいひびきがするのである。

倉田《くらた》　百三《ひゃくぞう》（作家）
（1891〜1943）

大正期の人道主義的文学を代表する作家。著書に『出家とその弟子』『愛と認識との出発』などがある。なかでも『歎異抄』を下敷きにして書かれた『出家とその弟子』は、当時の青年たちに熱狂的に支持された。

出典：『法然と親鸞の信仰』（講談社学術文庫）

京都へ行ったのは、西田幾多郎《にしだきたろう》先生に就て学ぶためであった。高等学校時代に最も深い影響を受けたのは、先生の『善の研究』であり、この書物がまだ何をやろうかと迷っていた私に哲学をやることを決心させたのである。もう1つは『歎異抄』であって、今も私の枕頭《ちんとう》の書となっている。最近の禅の流行にも拘《かかわ》らず、私にはやはりこの平民的《へいみんてき》な浄土真宗がありがたい。恐らく私はその信仰によって死んでゆくのではないかと思う。

西田幾多郎に師事した哲学者。第二次世界大戦中、反戦思想の嫌疑で検挙され、終戦直後に獄死する。死後疎開先から発見された遺稿「親鸞」は、三木の絶筆とされる。　出典：『読書と人生』（新潮文庫）

三木《みき》　清《きよし》（哲学者）
(1897〜1945)

私は学校の途中で兵隊にとられたとき、文庫本の『歎異抄』を持って行った。生死《しょうじ》の事に安らぎを得るだろうと思ってのことだったが、しかし、かならずしも予期したような結果は、私にもたらされなかった。私は『歎異抄』によって、中世《ちゅうせい》の文学はその成立や伝播《でんぱ》の事情から考えて、ひたすらに朗読すべきで、目読しては何もわからないという体験を得たのだが、『歎異抄』を朗読するうちに、目で知ろうとするはからいが消えて、それにかわって行間に充満している何事かがいきいきと聞こえてくるような感じがしたのである。この書物を目で読んでいたころは、すぐれた文章と論理で書かれた死についての安心《あんしん》の書であろうと思っていたが、声を出して読むうちに、親鸞のあのたくましげな肉声《にくせい》をきく思いがし、ついには生命のよろこびのようなもののみを感じて、22、3歳の幼稚なころながら、これでいいのだろうかと困惑する思いがしたことを、いまも憶えている。

『国盗《くにと》り物語《ものがたり》』『竜馬《りょうま》がゆく』など戦国時代や幕末をテーマとした歴史小説を数多く発表した。また、『この国のかたち』『街道を行く』などのエッセーも多数執筆。
出典：『現代を生きるこころ 歎異抄』（朝日新聞社）

司馬《しば》 遼太郎《りょうたろう》（作家）
(1923〜1996)

私には『歎異抄』の一種独特《いっしゅどくとく》のリズムを持った文章が美しく感じられた。きよらかな水でも流れているような、きよらかな音が聞こえている。が、それはばかりではなく、ところどころに匕首《あいくち》のような烈《はげ》しく鋭い部分が嵌《は》め込《こ》まれてあった。言うまでもなく九条までは親鸞の法語《ほうご》として綴《つづ》られてあるが、それを読んで行くと、ところどころで、はっとするような厳しい言葉に突き当たるのである。その説いていることとは別に、人間としての親鸞のいちずさや、烈しさや、梃《てこ》でも動かぬ盤石《ばんじゃく》の坐《すわ》り方が、美しいリズムを持った文章の間から見えてくる。私は人間としての親鸞に惹《ひ》かれざるを得なかった。すばらしいと思った。

井上《いのうえ》　靖《やすし》（作家）
（1907～1991）

純文学と大衆文学の中間にある中間小説とよばれる作品や、中国・日本の歴史をテーマにした歴史小説を多数執筆した。大阪の毎日新聞社の記者時代に『歎異抄』に出会った。

出典：『現代を生きるこころ 歎異抄』（朝日新聞社）

ぼくの学生時代は戦争中でしたが、その当時、親鸞《しんらん》の教えを含んだ『歎異抄』は熱心に読まれていました。親鸞の思想には、一種の切迫感《せっぱくかん》がありますから、それに惹《ひ》かれたのでしょう。そこからぼくの親鸞が始まっています。親鸞はどういう人だろう、歩くときはどうだったのだろうなどと考えました。親鸞は、日本の仏教家の中でぼくが１番好きな人です。
『歎異抄』は、親鸞と唯円《ゆいえん》の共著みたいなものですが、例の悪人正機説《あくにんしょうきせつ》「善人《ぜんにん》なおもて往生《おうじょう》をとぐ、いはんや悪人《あくにん》をや」という逆説《ぎゃくせつ》をすごいと思いました。

吉本《よしもと》　隆明《たかあき》（詩人）
（1924～2012）

戦後の日本を代表する詩人にして思想家。「思想の巨人」とも評される。「共同幻想《きょうどうげんそう》」などその言説《げんせつ》は、多くの若者に影響を与えた。

出典：『京都親鸞の歩き方』ダイヤモンドMOOK（ダイヤモンド社）

『歎異抄』を繰り返し読みはじめた60代に阪神・淡路大震災に遭い、この1冊の文庫で生きていく考えが大きく変わった。
これまでの50代は、人間は何故死んでしまうのかという苛立ちの気持ちがあったが、『歎異抄』に接してからは、人間は何故生きているのかという考えを宿すようになった。

藤本《ふじもと》　義一《ぎいち》（作家）
（1933～2012）

ラジオやテレビドラマ、舞台などの脚本を数多く手がけた作家。小説作品も多く、『鬼の詩《おにのうた》』では直木賞《なおきしょう》を受賞。テレビ番組の司会も長年にわたって務めた。著書には『人生の賞味期限』『人生の自由時間』などがある。　出典：『歎異抄に学ぶ人生の知恵』（PHP文庫）

『歎異抄』という本があります。これは唯円という親鸞の弟子が、親鸞の言行録《げんこうろく》をまとめたものです。これは実にいい文章です。皆さんでも読めます。私が最初に読んだのは、皆さんとちょうど同じ中学３年のときでした。『歎異抄』を読んで、私は感動した。とても分かりやすい本で、親鸞の姿が生き生きと現れています。（中略）あるいはまた、私は悪人だよと親鸞は言います。私のような悪人を救うために、阿弥陀《あみだ》さまは教えを授けてくださった。そういう悪の自覚が、親鸞には強いわけです。この点が『歎異抄』の特徴でして、そういうところから、近代日本の文学者たちが親鸞に興味を持った。

梅原《うめはら》　猛《たけし》（哲学者）
（1925～2019）

鋭い直感と深い洞察に基づき、人間そのものを探求するなかで、日本の文学、歴史、宗教等、幅広い分野にわたり独創的な思索を展開。「梅原日本学」と呼ばれる独自の学問体系を確立した。
出典：『梅原猛の授業 仏教』（朝日文庫）

『歎異抄』の登場人仏

さあ、いよいよ『歎異抄《たんにしょう》』を読んでいきますが、その前に、もう少しだけ予習をしておこう。『歎異抄』に登場する人物と仏さまの簡単な紹介だよ。

お釈迦《しゃか》さま（前463～383頃）

仏教の開祖。ブッダ（目覚めた人）。35歳で悟りを開いてから80歳で入滅《にゅうめつ》するまで、八万四千とも言われるたくさんの教えを説く。その中、阿弥陀さまの念仏の教えこそがお釈迦さまの「本心から説きたかった教え」と受けとめたのが、後の時代の善導《ぜんどう》・法然《ほうねん》・親鸞《しんらん》といった方たち。

善導《ぜんどう》さま（613～681）

中国・唐の時代の高僧。阿弥陀さまの教えに逆風が吹き荒れる中、ただ1人立ち向かい、念仏の教えの真価を説きあらわした孤高の念仏者。500年後の法然さまへ与えた影響ははかりしれず、法然さまは、「善《ぜん》導《どう》さまは私のただ1人の師である」と仰いだ。

法然《ほうねん》さま（1133～1212）

浄土宗の開祖。比叡山《ひえいざん》きっての英才と称賛されながら、内なる闇は深く、悟りの道は容易に見いだせなかった。長く苦しい求道に光をもたらしたのが善導さまの言葉であり、以後生涯をかけて念仏の教えを説き続ける。親鸞さまの人生に決定的な影響を与えた。

唯円《ゆいえん》さん
(1222〜1288頃)

『歎異抄《たんにしょう》』の著者。常陸国河和田《ひたちのくにかわわだ》の人。
親鸞さまの晩年の弟子。

阿弥陀《あみだ》さま (∞〜∞)

どんな人も分けへだてなく救いたいという願いをもち、その願いの通りの力をそなえた、はかりしれない光と命の仏さま。

親鸞《しんらん》さま (1173〜1263)

浄土真宗の開祖。9歳で比叡山《ひえいざん》に上《のぼ》り、20年もの間厳しい修行に励むも、煩悩《ぼんのう》の炎は消しがたく悟りは遠かった。29歳の時、法然《ほうねん》さまの導きによって阿弥陀《あみだ》さまの救いに出遇《であ》う。恩師法然さまへの信頼は絶対的で、親鸞さまの独創的な教えの数々も、あくまで法然さまの「念仏往生」の真実性を証明するためのものであった。90年の生涯で多くのお弟子を育てる。『歎《たん》異抄《にしょう》』の著者唯円さんもその1人。トレードマークは、マフラーのような首にかけた帽子《もうす》。

読んでみよう『歎異抄』

前序・師訓篇・後序

よし、これで予習はバッチリだね。今から『歎異抄』の世界へ入っていくよ。親鸞さまと唯円さんのお話に耳を澄ませてみよう。
うん、いよいよだね。

音読してみる

『歎異抄《たんにしょう》』の魅力のひとつは、言葉そのものの力強さ・鋭さにあります。まずは原文を音読してそれを感じてみましょう。漢字や旧仮名遣いの箇所にふりがなを振ってあります。

思い浮かべてみる

唯円《ゆいえん》さんが今ここにいたら、親鸞さまのお言葉や、親鸞さまとのやりとりをどのように伝えただろう。当時の空気感や臨場感を、今、リアルに味わいたい。そんな思いから生まれた、やさしい意訳です。

※本書に収録した『歎異抄』の原文・意訳は、「前序」・「第一条～第十条（師訓篇）」・「後序」です。

序

親鸞さまの言葉をそのままに

音読してみる

ひそかに愚案《ぐあん》を回《めぐ》らして、ほぼ古今《ここん》を勘《かんが》ふるに、先師《せんし》の口伝《くでん》の真信《しんしん》に異《こと》なることを歎《なげ》き、後学相続《こうがくそうぞく》の疑惑《ぎわく》あることを思《おも》ふに、幸《さいわ》ひに*有縁《うえん》の知識《ちしき》によらずは、いかでか*易行《いぎょう》の一門《いちもん》に入《い》ることを得《え》んや。まったく自見《じけん》の覚語《かくご》をもって、他力《たりき》の宗旨《しゅうし》を乱《みだ》ることなかれ。

よって、故親鸞聖人《こしんらんしょうにん》の御物語《おんものがたり》の趣《おもむき》、耳《みみ》の底《そこ》に留《とど》むるところ、いささかこれを注《しる》す。ひとへ《え》に同心行者《どうしんぎょうじゃ》の不審《ふしん》を散《さん》ぜんがためなりと云々《うんぬん》。

有縁の知識　深い因縁に結ばれた仏道の師。

易行の一門　阿弥陀仏のはたらきによって浄土に往生してさとりをひらく他力の道。

思い浮かべてみる

わしなりに、このおぼつかない頭で、親鸞《しんらん》さまが生きておられた頃と、今とを比べてみるとな、なんというか、このごろは親鸞さまがおっしゃっていた教えの受けとめとは、ずいぶんと違ったことを言う者が増えてきておって、なんともいえない気分になるのじゃ。これじゃあ、あとからこの教えを聞いてみようという者は、きっと戸惑うに違いない。やはりこういう教えは、いい具合にきちんと教えてくださる先生に出会えないと、いくら誰もが救われる教えだといっても、本当の味わいはわからんものよ。自分で勝手にわかったつもりになって、すばらしい他力の教えに手垢《てあか》をつけて、歪《ゆが》めてしまうもんではないわい。

まだわしが若かった頃、元気だった親鸞さまからいろんな話を聞かせてもらったが、今でもそのお声が耳の奥に残っているかのように思い出される。わしはいま、それを少しばかりここに書き残しておこうと思う。同じ道を歩もうと志した者たちのなかで、もしこの教えがよくわからなくなったとき、その言葉がきっと道しるべのようになって不審を晴らしてくれると思うからのう……。

第一条
これぞ浄土真宗

そうそう。
そういえば親鸞《しんらん》さまが
阿弥陀《あみだ》さまの
教えのど真ん中を
もうこれ以上はない
というくらいのお言葉で
ずばっと
示してくださったことが
あったんじゃ……。

音読してみる

一《ひとつ》　*弥陀《みだ》の誓願不思議《せいがんふしぎ》にたすけられまゐ《い》らせて、往生《おうじょう》をばとぐるなりと信《しん》じて念仏申《ねんぶつもう》さんとおもひ《い》たつこころのおこるとき、すなはち摂取不捨《せっしゅふしゃ》の利益《りやく》にあづけしめたまふ《う》なり。

弥陀《みだ》の本願《ほんがん》には、老少《ろうしょう》・善悪《ぜんあく》のひとをえらばれず、ただ信心《しんじん》を要《よう》とすとしるべし。

そのゆゑ《え》は、罪悪深重《ざいあくじんじゅう》・*煩悩《ぼんのう》*熾盛《しじょう》の衆生《しゅじょう》をたすけんがための願《がん》にまします。

しかれば、本願《ほんがん》を信《しん》ぜんには、他《た》の善《ぜん》も要《よう》にあらず、念仏《ねんぶつ》にまさるべき善《ぜん》なきゆゑ《え》に。悪《あく》をもおそるべからず、弥陀《みだ》の本願《ほんがん》をさまたぐるほどの悪《あく》なきゆゑ《え》にと云々《うんぬん》。

弥陀の誓願　阿弥陀仏が仏に成る前に、どのような仏になりたいかを誓った願い。信じ念仏するものを必ず浄土に往生させることができなければ、自分は仏に成らないという内容。

煩悩　身心を煩わせ悩ませる精神作用の総称。代表的なものとして、貪欲《とんよく》（むさぼり・我欲）、瞋恚《しんに》（いかり）、愚痴《ぐち》（おろかさ・真理に対する無知）の三毒《さんどく》がある。衆生《しゅじょう》は煩悩によって迷いの世界を輪廻《りんね》する。仏教では煩悩を根本から滅することが真の安らぎであると説く。

熾盛　はげしくさかんなこと。

思い浮かべてみる

阿弥陀《あみだ》さまが、すべての者を救いたいと願われて成し遂げられた想像もつかないほどのはたらきによって、このたび浄土に生まれさせてもらうと受けとめ、「なんまんだぶ」と念仏しようと思い立ったそのとき、即座に抱き取って絶対に見捨てないという阿弥陀さまのご利益《りやく》につつまれておるのじゃ。

　阿弥陀さまの本願《ほんがん》には、このわしらのすがたに注文がない。たとえば、こんなに年をとったいまでも、若かった時分でも、善いことをしたように思うたときも、悪いことしてしまったと気分が晴れんときでも、どんなわしであったとしても構わない。ただ「必ず救う」と言うてくださる本願を、疑いなく受け入れる信心だけを要《かなめ》とするのだと心得るがよいぞ。

　それはなぜかと言えば、この阿弥陀さまは、ろくな生き方をしてこんかった罪の深い者や、目をギラ

まとめて
ザパーー
もっと自分を磨いて生きないと今のままじゃ…
アーーッ!?
オレみたいな偽善者にブッダがかまうわけ…
アーーッ!?
わしらごときの善とか悪とかものともせんのよ阿弥陀さまは

つかせてつまらんことばっかり考えとる者をみて、そのまま救おうと思い立たれたからなんじゃ。
だから、この願いを受け入れ信じる者は、往生するためになにか他に立派な善行を成していかねばならんとかいうて気張る必要はない。念仏よりもすぐれた善行なんてないんだから。また逆に「つまらぬことばかりしてきた」と自分を責め、不安に思うこともいらんよ。阿弥陀さまの願いからはみ出してしまうような悪行なんていうのも、どこにもないからな。

と、言っておられたのう……。

Point

「浄土真宗の教えを一言でお願いします」

時にこんなことを問われます。シンプルで、それゆえに奥深い問いです。どうやって答えたらいいのでしょう。
実はこの『歎異抄《たんにしょう》』第一条、とりわけ冒頭の一文が、そのまま答えになります。なぜならここには、「阿弥陀さまのはたらきだけによって救われる」「信心をいただいたその瞬間に救われる」「ひとたび救われたからには、その先、何があっても絶対に捨てられない」という浄土真宗の教義の要点が、見事なまでに的確に、さらには美しく表現されているからです。『歎異抄』は、最初の最初から全開で救いを説いているのです。

第二条

だまされて地獄に堕ちても

このことも忘れられん。
親鸞《しんらん》さまが京に帰られてからしばらくたつと関東では
「これが親鸞さまの教えだ。自分はそう聞いた」などと
大きな声でひどいでたらめを
言いだす連中が出はじめてな。
ずいぶんと混乱していって
中には親鸞さまとあれだけ親しくしておった者でさえ
次第に疑いはじめる始末での。
結局わしらは、関東から京へ、それこそ命がけで
いろんな不審を明らかにするために行ったのじゃ。
しかしそのときの親鸞さまの迫力というたら……。
あんなお姿は、あの1回きり。
わしはその場で聞いておるうちに涙が出たわい。

音読してみる

一《ひとつ》　おのおのの*十余箇国《じゅうよかこく》のさかひ《い》をこえて、身命《しんみょう》をかへ《え》りみずして、たづねきたらしめたま《も》ふ《う》御《おん》こころざし、ひとへ《え》に往生極楽《おうじょうごくらく》のみちを問《と》ひ《い》きかんがためなり。

しかるに念仏《ねんぶつ》よりほかに往生《おうじょう》のみちをも存知《ぞんじ》し、また法文等《ほうもんとう》をもしりたるらんと、こころにくく　おぼしめしておはし《わ》ましてはんべらんは、おほ《お》きなるあやまりなり。

もししからば、*南都北嶺《なんとほくれい》にもゆゆしき学生《がくしょう》たちおほ《お》く座《おわ》せられて候《そうろう》ふなれば、かのひとにもあひ《い》たてまつりて、往生《おうじょう》の要《よう》よくよくきかるべきなり。

親鸞《しんらん》におきては、ただ念仏《ねんぶつ》して、弥陀《みだ》にたすけられまゐ《い》らすべしと、よきひとの仰《おお》せをかぶりて、信《しん》ずるほかに別《べつ》の子細《しさい》なきなり。

念仏《ねんぶつ》は、まことに浄土《じょうど》に生《うま》るるたねにてや　はんべるらん、また*地獄《じごく》におつべき業《ごう》にてや　はんべるらん、総《そう》じてもって存知《ぞんじ》せざるなり。

たとひ《い》法然聖人《ほうねんしょうにん》にすかされまゐ《い》らせて、念仏《ねんぶつ》して地獄《じごく》におちたりとも、さ

らに後悔《こうかい》すべからず候《そうろう》ふ。

そのゆゑ《え》は、自余《じよ》の行《ぎょう》もはげみて仏《ぶつ》に成《な》るべかりける身《み》が、念仏《ねんぶつ》を申《もう》して地獄《じごく》にもおちて候《そうら》は《わ》ばこそ、すかされたてまつりて といふ《う》後悔《こうかい》も候《そうら》は《わ》め。いづれの行《ぎょう》もおよびがたき身《み》なれば、とても地獄《じごく》は一定《いちじょう》すみかぞかし。弥陀《みだ》の本願《ほんがん》まことにおは《わ》しまさば、釈尊《しゃくそん》の説教虚言《せっきょうきょごん》なるべからず。仏説《ぶっせつ》まことにおは《わ》しまさば、*善導《ぜんどう》の御釈虚言《おんしゃくきょごん》したま《も》ふ《う》べからず。善導《ぜんどう》の御釈《おんしゃく》まことならば、法然《ほうねん》の仰《おお》せそらごとならんや。*法然《ほうねん》の仰《おお》せまことならば、親鸞《しんらん》が申《もう》すむね、またもって むなしかるべからず候《そうろう》ふか。詮《せん》ずるところ、愚身《ぐしん》の信心《しんじん》におきては かくのごとし。このうへ《え》は、念仏《ねんぶつ》をとりて信《しん》じたてまつらんとも、またすてんとも、面々《めんめん》の御《おん》はからひ《い》なりと云々《うんぬん》。

十余箇国　関東から京都へやってくるのに10以上の国境を越えたことを指す。次頁略図参照。

南都北嶺　興福寺《こうふくじ》をはじめとする奈良の大寺院と、比叡山《ひえいざん》の延暦寺《えんりゃくじ》。当時の日本仏教の中心的地位にあった。

地獄　みずからの罪業《ざいごう》の結果として衆生《しゅじょう》が赴《おもむ》く苦しみのきわまった世界。衆生が輪廻《りんね》する六道《ろくどう》（天《てん》・

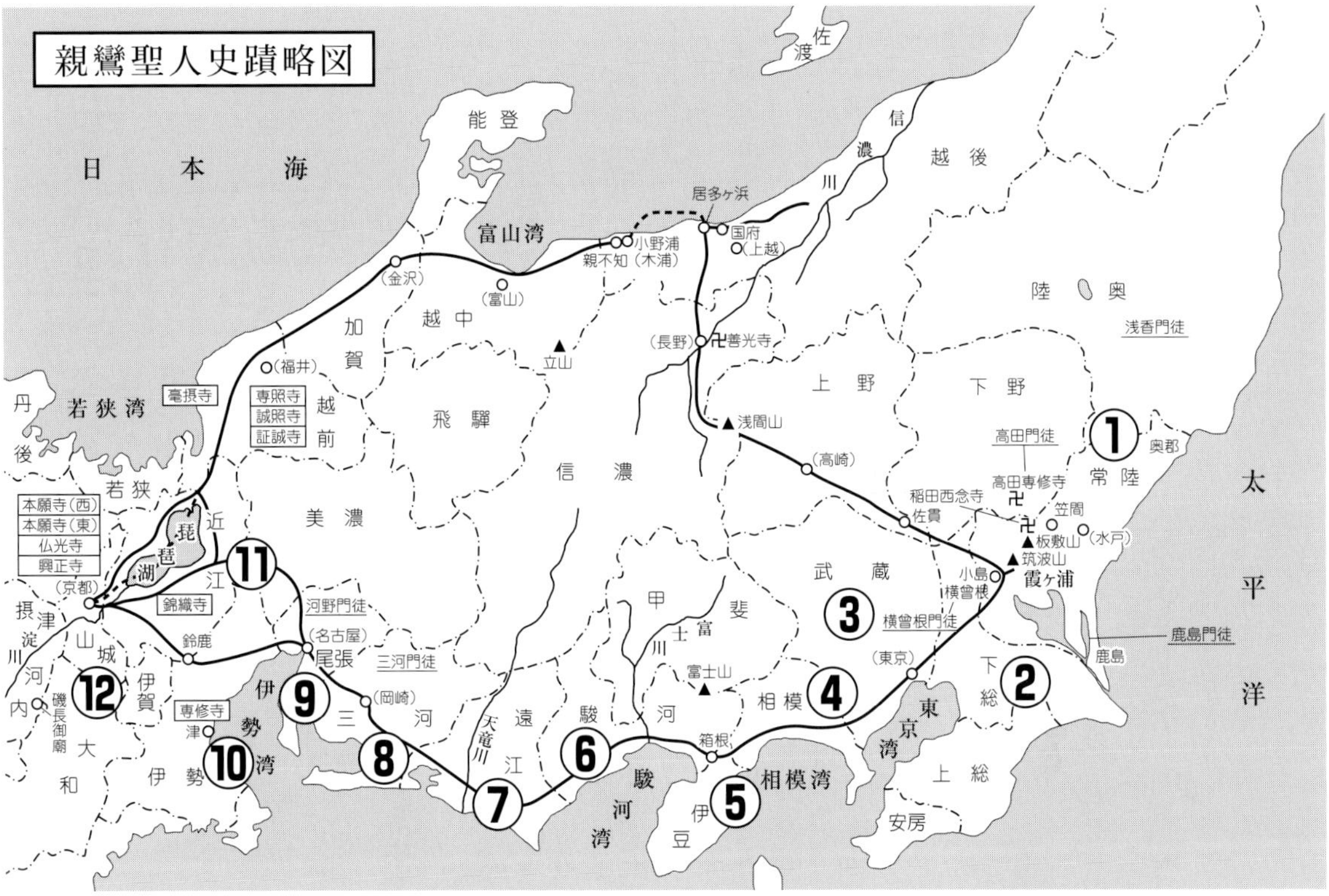

唯円さんが関東から京都の親鸞さまのもとを訪ねた道のりは、東海道を通れば、①常陸《ひたち》・②下総《しもうさ》・③武蔵《むさし》・④相模《さがみ》・⑤伊豆《いず》・⑥駿河《するが》・⑦遠江《とおとうみ》・⑧三河《みかわ》・⑨尾張《おわり》・⑩伊勢《いせ》・⑪近江《おうみ》・⑫山城《やましろ》の12カ国になると推定されます。

人《にん》・修羅《しゅら》・畜生《ちくしょう》・餓鬼《がき》・地獄《じごく》）の中で、最も激しい苦しみを受ける世界。

善導の御釈…　善導大師《ぜんどうだいし》は「南無阿弥陀仏《なもあみだぶつ》」の念仏で浄土に往生できる教えを説いた。これは当時の中国仏教界の主流に対抗する立場であったので、親鸞聖人は「善導大師はただ独《ひと》り、これまでの誤った説を正して仏の教えの真意を明らかにされた」と讃えた。

法然の仰せ…　法然《ほうねん》聖人は「善導ただ一人を師とする」というほど善導大師の教えを重んじられ、その教えをさらに研ぎ澄《す》ませて、「南無阿弥陀仏」の念仏だけが浄土に往生できるただ一つの行であると説いた。

思い浮かべてみる

あなた方がこうして、はるばる関東から十余りの国を越え、それこそ命がけで、ここまで訪ねて来られた理由はただひとつ、往生極楽の道をはっきりさせたかったから、ですよな。

であるならば、この際、はっきり言うておきたい。わしが、念仏の教えのほかに阿弥陀《あみだ》さまの浄土に生まれる教えを知っているとか、他に大切な経典を知っていて大事にしているのではないかと思っておられるのならば、それは大変な間違いですぞ。

もし、そういう道を知りたいというのであれば、奈良や比叡山《ひえいざん》に、たいへん立派で物知りな学僧方がたくさんおられるから、いまからすぐにそういう方々にでもお会いして、彼らの説く阿弥陀さまの浄土に生まれる要《かなめ》を納得がいくまでお聞きになればよい。

この親鸞《しんらん》にはな、「ただ念仏して、阿弥陀さまにたすけていただくのですぞ」とおっしゃった、あの法然《ほうねん》さまのお言葉を受けとめて信じておるほかに、なにか別のことがあるわけではない。

念仏が、本当に浄土に生まれる種であるのか。それとも地獄に堕《お》ちる行いであるのか。それは、わしにはまったくわからんことよ。

ただな、もし法然

さまにだまされて念仏して地獄に堕ちてしまうことになったとしても、なんの後悔もないよ、わしには。

なぜかというとな、もし念仏以外の難しい行を励んでおれば仏に成れたのに、念仏したせいで地獄に堕ちたというのなら、「だまされた！」という後悔もあるだろう。でもわしはな、比叡山でどんな行を、どう励んでみても、みな中途半端にしかできんかった。つまり、わしにはどの道、地獄以外に住《す》み家《か》はなかったんじゃから。

もし阿弥陀さまの本願がまことであるならば、それを伝えてくださったお釈迦《しゃか》さまの言葉がうそということはなかろう。では、お釈迦さまの教えがまことであるのならば、その教えにしたがって阿弥陀さまの真意を明らかにされた善導《ぜんどう》さまがうそをおっしゃったわけがあるまい。そして、善導さまのお言葉がまことであるなら、その善導さまに依《よ》って教えを明らかにしていかれた法然《ほうねん》さまの仰せもいつわりということはなかろう。では法然さまがおっしゃったことがまことであるなら、それをそのまま頂戴しているこの親鸞が申すこともまた、意味がないということはないのじゃなかろうかな。

要するに、この愚かなわしの信心とはこの通り。これで全部じゃ。

ここから後は、あなたがたが念仏の教えを受け入れて信じようとも、縁なき道として捨てようとも、それぞれがお心のままにすればよい。

と、このように、ぴしゃりと言われたのじゃ。

Point

安易に答えを与えるのは危険

親鸞《しんらん》さまは42歳頃から約20年の間、関東で布教し、60歳頃に京都に戻られました。すると、直接親鸞さまにお尋ねすることができなくなった関東の門弟たちの間に、さまざまな混乱が生じます。「念仏以外に往生の道があると言う人がいるが、本当だろうか」、「念仏は地獄行きの行いと言う人がいるが、本当なのか」。不安が不安を増殖し、「もはや、直接親鸞さまにお訊《き》きするしかない」と、まさに命がけで、遠く関東から京都の親鸞さまのもとを訪ねました。ただならぬ表情を感じ取られた親鸞さまは、「私の知るところではない」と、いったんは突き放されます。「安心《あんしん》がほしい」、「保証がほしい」と、自らつかもうとしてつかんだものは、自分が思い込んだだけの「自力《じりき》」の安心になるからでした。そんな安心は、自分の気持ちいかんでいつでも崩れ去ってしまうものなのです。

第三条 悪人のところへまっしぐら

わしも昔は
あんまり大きい声では言えんが
ちょっといろいろあっての……。
だからせっかく教えを聞くんだったら
これからは立派な人間に
ならなくてはいかん
と意気込んでおったのじゃ。
ところが、あるとき親鸞《しんらん》さまが
それとは逆のことをおっしゃってな。
あのときはびっくりしたよ。
こうおっしゃったんじゃがの……。

音読してみる

一《ひとつ》 善人《ぜんにん》なほ《お》もって往生《おうじょう》をとぐ。いは《わ》んや*悪人《あくにん》をや。

しかるを世《よ》のひとつねにいは《わ》く、「悪人《あくにん》なほ《お》往生《おうじょう》す。いかにいは《わ》んや善人《ぜんにん》をや」。

この条《じょう》、一旦《いったん》そのいは《わ》れあるに似《に》たれども、本願他力《ほんがんたりき》の意趣《いしゅ》にそむけり。そのゆゑ《え》は、自力作善《じりきさぜん》のひとは、ひとへ《え》に他力《たりき》をたのむこころかけたるあひ《い》だ、弥陀《みだ》の本願《ほんがん》にあらず。

しかれども、自力《じりき》のこころをひるがへ《え》して、他力《たりき》をたのみたてまつれば、真実報土《しんじつほうど》の往生《おうじょう》をとぐるなり。

煩悩具足《ぼんのうぐそく》のわれらは、いづれの行《ぎょう》にても生死《しょうじ》をはなるることあるべからざるを、あは《わ》れみたまひ《い》て願《がん》をおこしたまふ《もう》本意《ほんい》、悪人成仏《あくにんじょうぶつ》のためなれば、他力《たりき》をたのみたてまつる悪人《あくにん》、もっとも往生《おうじょう》の正因《しょういん》なり。

よって善人《ぜんにん》だにこそ往生《おうじょう》すれ、まして悪人《あくにん》はと、仰《おお》せ候《そうら》ひ《い》き。

悪人　仏教では、苦の報《むく》いを招く行為が悪とされる。代表的な悪として①殺生《せっしょう》（生きものを殺す）、②偸盗《ちゅうとう》（ぬすみ）、③邪淫《じゃいん》（よこしまな性の交わり）、④妄語《もうご》（うそいつわり）、⑤両舌《りょうぜつ》（人を仲たがいさせる言葉）、⑥悪口《あっく》（ののしりの言葉、あらあらしい言葉）、⑦綺語《きご》（まことのないかざった言葉）、⑧貪欲《とんよく》（むさぼり・我欲）、⑨瞋恚《しんに》（いかり）、⑩愚痴《ぐち》（おろかさ・真理に対する無知）の十悪がある。⑧⑨⑩は三毒《さんどく》と同じ。ここで心のあり方までもが問題とされているように、仏教でいう「悪人」は、たとえば凶悪犯罪者といわれる人のような、現代社会の常識でいう「悪人」と必ずしも同じではない。

思い浮かべてみる

立派な善人でさえ阿弥陀《あみだ》さまの浄土に生まれていく。まして悪人が生まれていくのは言うまでもない。と、こう言うたら、世間の人は驚いた顔をして、たいがい逆を言う。「悪人でさえ浄土に生まれるんだったら、善人は言うまでもない、でしょ」とな。

なるほど、これはたしかに一応、道理じゃ。しかしながらこの考え方は、結局、阿弥陀さまが私たちを救おうとされた思い、他力《たりき》のお救いには背いてしまっておることになる。

なぜかと言うとな、自分の力を信じて修行し続け、頑張って立派な徳をそなえようとする人は、我が身をたよりにしておるんであって、ひたすら阿弥陀さまのはたらきをたよりにしようという心は無いからの。自分で阿弥陀さまの願いに背を向けてしまっておるのよ。

けれども、その思い上がった心を捨てて、阿弥陀さまのはたらきに身をゆだねておまかせするなら、真実の浄土に生まれてゆく。

悪人とはつまり
病人という
ことじゃな
煩悩という
病気の
ゲホ
妬
欲
恨
強

そもそも煩悩《ぼんのう》でいっぱいのわしらは、どんな修行をしたところで、この迷いの世界を抜け出ることはできん。阿弥陀さまの本願《ほんがん》というのは、そんなどうしようもない悪人をご覧になって、放ってはおけんと立ち上がり、その者たちを仏にするためにおこされた願いじゃ。だったらその願いに身をゆだねておまかせしている悪人とは、まっさきに浄土に生まれていくべき者ということになるよの。

だから、「善人でさえ浄土に生まれてゆく。まして悪人は言うまでもない」と言うのじゃ。

とこうおっしゃっていた。

Point 「悪人」とはどんな人のことか

「どんな人が仏さまに救われるんだろう」「そりゃ、やっぱり善人だよ」。こういう常識的・道徳的な価値観を根底から覆す圧倒的なインパクトを持っているのが、この第三条の「悪人正機《あくにんしょうき》」の教えです。そもそも、「悪人」って何でしょう。「悪いことをするのが悪人で、悪いことをせず善いことをするのが善人」。普通はそう考えるでしょうが、仏教の見方は違います。仏教では、行為だけを問題にするのではなく、むしろ心のあり方を徹底的に問題にします。法や道徳にふれる行為をしていなくても、貪《むさぼ》りや怒りといった煩悩《ぼんのう》、つまり自分中心の心に振り回されている者は悪人なのです。たとえ人助けをしても、そこに「私が助けてあげた」と自分を誇る心があるなら、その人は善人ではなく悪人なのです。そのような心は、結局自分も他人も傷つけ苦しめる原因になってしまうからです。

厳しすぎる？　確かにそうですね。だからこその「悪人正機」です。この厳しい道から脱落するしかない悪人を救うために立ち上がってくださったのが、阿弥陀さまという仏さまなのです。

第四条

人の限界、仏の無限

親鸞《しんらん》さまは長く生きられたからのう。
やりきれん悲しい思いを
されとったことも
もしかしたら、人よりも
ちと多かったように思うな。
あの方ほど人間の限界というものを
じっと見ておられた方を
わしは他に知らん。
そんな親鸞さまから慈悲《じひ》について
こんな味わいを教えてもらったことがある。
それはな……。

音読してみる

一《ひとつ》 慈悲《じひ》に*聖道《しょうどう》・*浄土《じょうど》のかはり《わ》めあり。

聖道《しょうどう》の慈悲《じひ》といふ《う》は、ものをあはれ《わ》み、かなしみ、はぐくむなり。しかれども、おもふ《う》がごとく たすけとぐること、きはめ《わ》てありがたし。

浄土《じょうど》の慈悲《じひ》といふ《う》は、念仏《ねんぶつ》して、いそぎ仏《ぶつ》に成《な》りて、大慈大悲心《だいじだいひしん》をもって、おもふ《う》がごとく衆生《しゅじょう》を利益《りやく》するをいふ《う》べきなり。

今生《こんじょう》に、いかにいとほし《お》不便《ふびん》とおもふ《う》とも、存知《ぞんじ》のごとく たすけがたければ、この慈悲始終《じひしじゅう》なし。

しかれば、念仏申《ねんぶつもう》すのみぞ、すゑ《え》とほ《お》りたる大慈悲心《だいじひしん》にて候《そうろう》ふべきと云々《うんぬん》。

聖道 聖道門《しょうどうもん》のこと。自力《じりき》の修行によって、この世でさとりを開くことをめざす教え。

浄土 浄土門《じょうどもん》のこと。阿弥陀仏《あみだぶつ》の本願力《ほんがんりき》によって、その浄土に往生してさとりを開く教え。

思い浮かべてみる

一口に慈悲《じひ》と言うても、聖道門《しょうどうもん》の教えと、浄土門《じょうどもん》の教えとでは違いがある。

聖道門というのは、この世で一所懸命に修行してさとりをひらく教えじゃ。そこでいう慈悲とは、苦しんでおるすべての者に思いを寄せ、いとおしみ、やさしく守り育てていくという営みになる。こりゃ本当に立派なことなんじゃが、いざ自分でこれを実際にやってみるとなるとな……、思うたとおりに救うてやることなんて、ほとんどできんのよな。

一方の浄土門というのは、阿弥陀《あみだ》さまのはたらきで浄土に生まれてさとらせていただく教えじゃな。そこでいう慈悲は、念仏の人生を歩んで、この命が終わればすぐに浄土で仏にならせてもらい、そこから大いなる慈悲の心で、思うた通り自由自在に、苦しんでいる者を救うていくことを言うのじゃ。

生きておったら、それはもう身につまされるような思いをすることはいっぱいある。でもな、どれだけかわいそうだ、気の毒だと感じておったとしても、思うたように救うてやることはできん。悲しいことじゃが、結局、その思いはみな中途半端にしかなっていかんのじゃよ。

だから、阿弥陀さまのはたらきの中で念仏を申していくこと、ただそれだけが本当に徹底した大慈悲《だいじひ》心《しん》なんだということじゃ。

とこう言っておられたのう。

Point

終始一貫した慈悲とは？

各地で自然災害が多発し、あるいは悲惨な事故や事件の報道を聞くと、「何とかしてあげたい」と思いますが、なかなか力になれません。思うように救えないのが現実です。まず私たちの能力の問題があり、さらには、自己中心性の問題があります。例えば、台風がそれたらホッとしますが、それたために直撃した場所に、どれだけ思いが寄せられているでしょうか。「ペットの成仏」が関心を集めていますが、自分の可愛がっているペットは大事に思っても、日頃食べている肉や魚に同じ思いがあるでしょうか。こうした私たちの自己中心性からは、「すゑとほりたる（終始一貫した）大慈悲心《だいじひしん》」は起こりえません。

たとえば
飢えた虎の親子に
惜しむことなく
自分を食べさせる
お方の話が
お経に出てくるんじゃ
しかし……

第五条

亡き父母に何をしてあげられるか

「念仏一つ」と言っても
受け止め方はいろいろでの。
たとえば自分が念仏を称《とな》えた功徳《くどく》で
先立った人を救うてあげたい、と
こう言う者が
しばしばおるじゃろうが。
お前さんらの中にも
こう思うとる者おらんか？
でもな、親鸞《しんらん》さまは
こんなふうに言われておった……。

音読してみる

一《ひとつ》　親鸞《しんらん》は父母《ぶも》の*孝養《きょうよう》のためとて、一返《いっぺん》にても念仏申《ねんぶつもう》したること、いまだ候《そうら》は《わ》ず。

そのゆゑ《え》は、一切《いっさい》の有情《うじょう》は　みなもって世々生々《せせしょうじょう》の父母《ぶも》・兄弟《きょうだい》なり。いづれもいづれも、この*順次生《じゅんじしょう》に仏《ぶつ》に成《な》りてたすけ候《そうろう》ふべきなり。

わがちからにて　はげむ善《ぜん》にても候《そうら》は《わ》ばこそ、念仏《ねんぶつ》を回向《えこう》して父母《ぶも》をもたすけ候《そうら》は《わ》め。

ただ自力《じりき》をすてて、いそぎ浄土《じょうど》のさとりをひらきなば、六道四生《ろくどうししょう》のあひ《い》だ、いづれの業苦《ごっく》にしづめりとも、神通方便《じんずうほうべん》をもって、まづ有縁《うえん》を度《ど》すべきなりと云々《うんぬん》。

孝養　ここでは追善供養《ついぜんくよう》のこと。追善供養とは、人の死後、死者に縁のある生存者が、その死者がより良いところへ生まれられるよう、あとから追って、読経《どきょう》などといった善事《ぜんじ》を行うこと。

順次生　現世《げんせ》の命が終わって、次に受ける生。

思い浮かべてみる

この親鸞《しんらん》は、先立った父上や母上へこの功徳《くどく》を送って助けてやりたい、などと思うて念仏を申したことは、ただの一度もない。

なぜかと言うとな、いまこの世に生きておる者は、みな果てしなく遠い過去世《かこせ》から、何度も何度も生まれ変わって来ておる者たちばかりじゃ。つまりどの者を見ても、あるときは親子だったかしらん、あるときは兄弟だったかしらん、そんな間柄ということになるわな。だったらこの命が終わって仏となったときには、この世で縁のあった親だけというわけにはいかんよ。どの者も救うていかねばならんということになるな。

それに念仏がな、わしらが気持ちを込めて称えることで功徳が積み上がっていくような、そんな行だったら、親のために功徳を積み上げていこうという発想も出てくるんだろうが、念仏は、そんな行ではないわな。

そういう念仏によって自分が救ってやろうなんて発想はもう捨てて、阿弥陀《あみだ》さまにみなおまかせしてしまってな、このたびの命を終えすぐに浄土でまことのさとりをひらかせてもらったなら、たとえ先立った父上や母上が迷いの世界でどんな状態にあったとしても、そのときは身についた自由自在で不可思《ふかし》議《ぎ》なはたらきによって、まず縁の深かった者から救うたらよい。

とこう言っておられた。

2人だけだと思うじゃろ？ところが…
父さん
母さん
ナンマンダブ……

Point

近しい人への情愛が自力の落とし穴

「両親のために念仏したことなど、ただの一度もない」。親鸞《しんらん》さまは、親不孝なあるいは両親に恨みを持った人なのでしょうか。決してそうではありません。まず救済の対象の視点として、「救いの対象は自分の両親だけという狭い範囲ではない」ということです。そして、救済の方法の視点として、私たちは、亡き人たちに追善《ついぜん》（41頁「孝養」の項参照）できるものは何も持っていないのです。1円の持ち合わせもないのに、人におごってあげることはできません。

さらに言えば、念仏は追善に利用するものではありません。「追善供養《くよう》のため」、「ご利益《りやく》のため」。念仏は、私たちの自分勝手な思いで利用するのではなく、阿弥陀《あみだ》さまのお慈悲《じひ》が、私にはたらいているすがたそのものです。

第六条

弟子は一人もいない

念仏の教えが広まるということは
ありがたいことじゃが
あるとき
この教えを受けた者たちの間で
弟子を取り合うてな
あれこれ言うては
いさかいを起こしとる連中がおったんじゃ。
それをお聞きになった親鸞《しんらん》さまは
何とも言えんお顔で
こんなふうに言っておられたぞ……。

音読してみる

一《ひとつ》　専修念仏《せんじゅねんぶつ》のともがらの、わが弟子《でし》、ひとの弟子《でし》といふ《う》相論《そうろん》の候ふ《そうろう》らんこと、もってのほかの子細《しさい》なり。

親鸞《しんらん》は弟子《でし》一人《いちにん》ももたず候ふ《そうろう》。そのゆゑ《え》は、わがはからひ《い》にて、ひとに念《ねん》仏《ぶつ》を申《もう》させ候は《そうらわ》ばこそ、弟子《でし》にても候は《そうらわ》め。弥陀《みだ》の御《おん》もよほ《お》しにあづかって念仏《ねんぶつ》申《もう》し候ふ《そうろう》ひとを、わが弟子《でし》と申《もう》すこと、きは《わ》めたる荒涼《こうりょう》のことなり。

つくべき縁《えん》あればともなひ《い》、はなるべき縁《えん》あればはなるることのあるをも、師《し》をそむきて、ひとにつれて念仏《ねんぶつ》すれば、往生《おうじょう》すべからざるものなりなんどいふ《う》こと、不可説《ふかせつ》なり。

如来《にょらい》よりたまは《わ》りたる信心《しんじん》を、わがものがほ《お》に、とりかへ《え》さんと申《もう》すにや。かへ《え》すがへ《え》すもあるべからざることなり。自然《じねん》のことわりにあひ《い》かなは《わ》ば、仏恩《ぶっとん》をもしり、また師《し》の恩《おん》をもしるべきなりと云々《うんぬん》。

思い浮かべてみる

同じ念仏の教えを信じる者のなかで、自分の弟子か、他の人の弟子か、など言うて争うておる者がおるそうだが、とんでもない話じゃ。

そもそもこの親鸞《しんらん》は、一人の弟子も持ってはおらん。なぜかと言うとな、このわしが自分の力で念仏をさせたというのであればこそ、その者を「弟子だ」と言うてもよいのだろうよ。

しかし、阿弥陀《あみだ》さまのはたらきに育てられて念仏を称《とな》えておる者を、「自分の弟子だ」などと言うのは、とんでもなくおこがましいことよ。

生きておったらな、共に歩んでいく縁があれば一

そいつに念仏を教えたのはわしだぞ!
わしの弟子になれば往生まちがいなし
どっちも違うよ!

緒におるし、離れるべき縁があれば離れてしまうものよ。それなのに、「師匠に背き、他の人にしたがって念仏するような者は、浄土に生まれることができない」などと言うておるというのは、本当にあいた口がふさがらん。言葉がないわ。

阿弥陀さまからいただいた信心なのに、まるで自分がその信心を与えたような顔をして、取り返そうとでも言うのかのう。もう一回言うがの、そんなことは絶対にあってはならんことじゃよ。だいたい、そんなことを言わんでも、阿弥陀さまのはたらきをうけて念仏の行者となっておるのなら、おのずと仏がたのご恩も知られ、師の恩もわかってくるものよ。

と、言っておられたのう。

他力の横取りで承認欲求

阿弥陀《あみだ》さまの尊いお手回し《てまわ》（仏力《ぶつりき》・他力《たりき》）によって念仏者になった人たちを、「オレの弟子だ」「いや、ワシの弟子だ」と、私物化・占有化しようとしている状況を悲歎される一段です。阿弥陀さまのはたらきを、自分の手柄だと誇っているわけです。「横取り」ですね。わかっててやっているなら言語道断ですし、もし、うっかり勘違いしていたなら、「そうであった。わしが育てたのではなく、みんな阿弥陀さまにお育ていただいたのであった」と、心がけを考え直さねばなりません。

なお当時は、弟子だけでなく、仏さまのお言葉が記された聖典も占有物にしようとする状況もありました。これも同じ思い違いですね。

第七条

神々も悪魔も超えて

人生というのはほんと
思うようには、いかないもんじゃ。
苦しみ・悩みが次から次に
湧いてくるもんな。
でもな、どんな人生を
歩むことになったとしても
安心して身をゆだねていける道がある。
それを親鸞《しんらん》さまは
こんな風におっしゃっていたぞ……。

音読してみる

一《ひとつ》　念仏者《ねんぶつしゃ》は無礙《むげ》の一道《いちどう》なり。そのいはれいかんとならば、信心《しんじん》の行者《ぎょうじゃ》には、*天神《てんじん》・地祇《じぎ》も敬伏《きょうぶく》し、魔界《まかい》・外道《げどう》も障礙《しょうげ》することなし。罪悪《ざいあく》も*業報《ごうほう》を感《かん》ずることあたはず、諸善《しょぜん》もおよぶことなきゆゑ《え》なりと云々《うんぬん》。

天神・地祇　天神は梵天王《ぼんてんのう》・帝釈天《たいしゃくてん》・四天王《してんのう》など、地祇は堅牢地祇《けんろうじぎ》（大地の神）・八大竜王《はちだいりゅうおう》などを指す。

業報　善悪の業《ごう》を因としてそれに応じる結果としての苦楽《くらく》の報《むく》い。

思い浮かべてみる

念仏する者は、なにものにも邪魔されることのない、ただ一つの道を歩いていく者じゃ。

なぜかと言うと、真実の信心をいただいた念仏の行者には、すべての神さま方が敬意をもってひれ伏していかれる。それに欲望をかきたてさとりの道をさまたげる悪魔や、煩悩《ぼんのう》を助長させる外道の教えに惑わされることもない、そんな存在なんじゃよ。

念仏の道というのはな、これまで犯してきたどんな悪い行いの報《むく》いも往生になんのさまたげにもならんし、ちいっとばっかり自分で善根《ぜんごん》を積んできたつもりでいても、念仏にそなわる徳には遠くおよぶものではないからの。

と言われておりましたぞ。

その怪我《けが》は
あなたの後ろに
いる霊のせいで…
いいえ！
仏さまがたが
悪いモノから
わしらを完全に守って
くださっているのが
大前提じゃからな
その発想がない
悪霊退散

Point

「思い通り」は不自由

「自由」とは何でしょうか。多くの人は、「自分の思い通りになること」と考えるでしょう。しかし、仏教では、「自分の思い通り」とは、欲望という煩悩《ぼんのう》に支配された「不自由」に過ぎないと見ます。科学が発達した現代でも、迷信がはびこっています。日本では4（死）を忌《い》み嫌って、4号室のない病院があったり、海外でも13が不吉な数字だとして、座席番号に13番がない飛行機があるようです。入院するのが4号室だろうが777号室だろうが、亡くなる時は亡くなりますし、飛行機がひとたび墜落したら、13番の人だけ亡くなることはありえません。人の生命を預かる医療現場においてさえ、また、金属の塊《かたまり》を空に飛ばす文明の利器においてさえ、こんな迷信が根強いのが、科学の限界とも言えるでしょう。そんな迷信の束縛《そくばく》を一瞬で断ち切る、本当の「自由人」が念仏者です。

第八条

念仏はいただきもの

わしら、手柄は誇りたいよな。
なあ、そうじゃろうが。
でも念仏はな
その心が邪魔をし始めると
教えの輝きがたちまち失せてしまう。
今思うと、わしを見ておってそのことを
言おうと思われたんじゃろ、きっと。
親鸞《しんらん》さまがまた
おもしろい言い方をされておったんじゃ。
そう、あれはたしか……。

音読してみる

一《ひとつ》　念仏《ねんぶつ》は行者《ぎょうじゃ》のために、非行《ひぎょう》・非善《ひぜん》なり。わがはからひ《い》にて行《ぎょう》ずるにあらざれば、非行《ひぎょう》といふ。わがはからひ《い》にてつくる善《ぜん》にもあらざれば、非善《ひぜん》といふ《う》。ひとへ《え》に他力《たりき》にして、自力《じりき》をはなれたるゆゑ《え》に、行者《ぎょうじゃ》のためには、非行《ひぎょう》・非善《ひぜん》なりと云々《うんぬん》。

思い浮かべてみる

念仏は、称《とな》える者からすれば行《ぎょう》でもないし、善《ぜん》でもない。

行・善
ここにいますよー!
残念ながら力が足りなくてその声は届かんのじゃ

非行・非善
えっいつからいたの!?
あなたが呼ぶ前から
よかった…ありがとうありがとう…
力はいらないし目的をかなえるための声でもないわけじゃな

というのはな、念仏は、わしらが自分をしっかりと見つめ、少しでも善くなるようにと励むことで、はじめて行になるというわけではないからのう。その意味で「念仏は行ではない」と言ったのじゃ。

それに念仏は、わしらが思いをこめて称えることで、はじめて善根《ぜんごん》となるというわけでもない。だから「念仏は善ではない」と言ったわけじゃ。

念仏は、わしらの往生のために仕立てられた阿弥《あみ》陀《だ》さまの他力《たりき》の行じゃ。我が身をたよりとせず、ひたすら阿弥陀さまをたよりとして称えていく行よ。

だから念仏を称えるわしらの側からすれば、「念仏は行でもないし、善でもない」と、こう言ったのよ。ということじゃ。

Point 他力が100だから、私たちはゼロ

「念仏は、行《ぎょう》でもなく、善でもない」。一見、わかりにくいかも知れませんが、論理は簡単明瞭。念仏は、私が称《とな》える行ではなく、すべて阿弥陀さまから届けられたもの。阿弥陀さまの他力《たりき》が100だから、私たち衆生《しゅじょう》はゼロということで、これを、私たち衆生の側では「非行《ひぎょう》」と言うのです。そして、私たちは「善」と名のつくものは何ひとつ持ち合わせていません。迷い心で作ったものは、迷いの元にしかなりません。だからこそ、阿弥陀さまから、あらゆる功徳《くどく》のこめられた南無阿弥陀仏《なもあみだぶつ》の名《みょう》号《ごう》が届けられたのです。これも、衆生の側では、「非善《ひぜん》」と言うわけです。

第九条

救いを喜べないから救われる!?

さいわいにも若い時分から
親鸞《しんらん》さまのいろんなお話を聞かせてもらったが
ある時期、どうもこう
「浄土」とか「往生」と言われても受け止めきれんというか
まるで遠い話のように聞こえることがあっての。
親鸞さまに申し訳ないやら、自分が情けないやらで
そのことをずいぶんと悩んだ時があったんじゃよ。
その時、親鸞さまもわしを見ていて何か感じられたようで
「どうか、なさったか」
と気にかけてくださったことがあったのじゃ。
「こんなことをきいていいものかどうか」
――わしだって、悩んだよ。
でもな、親鸞さまのお顔を見ておるうちになぜかしらんが
ふと涙が流れ始めてな、「このお方なら……」と
思い切って自分の思いを洗いざらい話してみたのよ。
その時の親鸞さまのお言葉の有り難いことと言ったら……。

音読してみる

一《ひとつ》　*念仏申《ねんぶつもう》し候《そうらえ》へども、踊躍歓喜《ゆやくかんぎ》のこころおろそかに候《そうろう》ふこと、またいそぎ浄土《じょうど》へまゐ《い》りたきこころの候《そうら》はぬは、いかにと候《そうろう》ふべきことにて候《そうろう》ふやらんと、申《もう》しいれて候《そうらい》ひしかば、

親鸞《しんらん》もこの不審《ふしん》ありつるに、唯円房《ゆいえんぼう》おなじこころにてありけり。

よくよく案《あん》じみれば、天《てん》にをど《お》り地《ち》にをど《お》るほどによろこぶべきことをよろこばぬにて、いよいよ往生《おうじょう》は一定《いちじょう》とおもひ《い》たまふ《もう》なり。

よろこぶべきこころをおさへ《え》てよろこばざるは、煩悩《ぼんのう》の所為《しょい》なり。しかるに仏《ぶつ》かねてしろしめして、煩悩具足《ぼんのうぐそく》の*凡夫《ぼんぶ》と仰《おお》せられたることなれば、他《た》力《りき》の悲願《ひがん》はかくのごとし、われらがためなりけりとしられて、いよいよたのもしくおぼゆるなり。

また浄土《じょうど》へいそぎまゐ《い》りたきこころのなくて、いささか所労《しょろう》のこともあれば、死《し》なんずるやらんと こころぼそくおぼゆることも、煩悩《ぼんのう》の所為《しょい》なり。

久遠劫《くおんごう》よりいままで流転《るてん》せる*苦悩《くのう》の旧里《きゅうり》はすてがたく、いまだ生《うま》れざる安《あん》

養浄土《にょうじょうど》はこひ《い》しからず候《そうろう》ふこと、まことによくよく煩悩《ぼんのう》の興盛《こうじょう》に候《そうろう》ふにこそ。なごりを《お》しくおもへ《え》ども、娑婆《しゃば》の縁尽《えんつ》きて、ちからなくしてを《お》は《わ》るときに、かの土《ど》へはまゐ《い》るべきなり。いそぎまゐ《い》りたきこころなきものを、ことにあは《わ》れみたま《も》ふ《う》なり。これにつけてこそ、いよいよ大悲大願《だいひだいがん》はたのもしく、往生《おうじょう》は決定《けつじょう》と存《ぞん》じ候《そうら》へ《え》。踊躍《ゆやく》歓喜《かんぎ》のこころもあり、いそぎ浄土《じょうど》へもまゐ《い》りたく候《そうら》は《わ》んには、煩悩《ぼんのう》のなきやらんと、あやしく候《そうらい》ひなましと云々《うんぬん》。

念仏申し…　浄土真宗の根本経典『仏説無量寿経《ぶっせつむりょうじゅきょう》』には、

それかの仏《ぶつ》の名号《みょうごう》を聞《き》くことを得《え》て、歓喜踊躍《かんぎゆやく》して乃至一念《ないしいちねん》せんことあらん。まさに知《し》るべし、この人《ひと》は大利《だいり》を得《う》とす。

【現代語訳】無量寿仏《むりょうじゅぶつ》（阿弥陀仏《あみだぶつ》）の名《な》を聞いて喜びに満ちあふれ、わずか1回でも念仏すれば、この人は大きな利益《りやく》を得ると知るがよい。

と説かれている。唯円《ゆいえん》は、自分がこの通りになっていないことに悩んで質問したものと思われる。

凡夫　愚かなものの意。真理にくらく、煩悩《ぼんのう》に束縛されて、迷いの世界を輪廻するもの。

苦悩の旧里　苦悩に満ちた故郷。迷いの世界をいう。

思い浮かべてみる

あのときたしか、わしがおそるおそるこう聞いたんじゃ。

「親鸞《しんらん》さま、お経によれば、《踊りあがるほどの喜びに満ちあふれて念仏する者に大きな利益《りやく》がそなわる》とありますよね。ところが私はその……、念仏を称《とな》えておっても、そんな思いはあんまり湧いてこないし、早く浄土に生まれたいなんて思いも、正直いうと、ないんです……。これはいったい私は、自分のことをどういう風に思うたらいいんでしょうか」

と。

すると、こっちをじっと見ておられた親鸞さまの表情が、ふっとほどけて柔らかいお顔になり、こう言われたんじゃよ。

「そうかい。実はこの親鸞も同じように思うていぶかしんでおったんじゃが。唯円さん。あなたも同じだったかい。

しかしまあ、よくよく考えてみるとな……。わしは、踊りあがるほどに喜ぶべきことを喜べないからこそ、ますます浄土に生まれることは間違いないと思うんじゃ。わかるかの。

喜ぶべきことなのに、そのことを聞いてなお喜べんのは、そりゃ煩悩のせいじゃ。でもな唯円さん、実は阿弥陀さまは、そんなわしらの性分をとっくに知りぬいておられての、その上で〈煩悩《ぼんのう》まみれの凡《ぼん》夫《ぶ》よ！　そのまま救うぞ〉と立ち上がられたお方よの。だから阿弥陀さまのお慈悲《じひ》の願いとはこの通り、喜ぶべきことを聞いてもこんな風にひとつも喜べんような、わしらのためだったんだと気づかされて、ますますたのもしく思えるんじゃ。

またわしらときたらな、早く浄土に生まれたいなんて思うてないからの。もう、わしなんかな、少しでも病気になろうものなら、〈ああ、こりゃいかん。今回ばかりは、もしかしたら本当に死ぬんじゃないか〉とか言うて不安になるもんだが、あれもまた煩悩のしわざよの。

この世界は、果てしない昔からいまに至るまで、苦しみ悩んでばっかりだった旧里《ふるさと》のはずなのに、どうにもまだ未練は尽きんな。一方で、まだ生まれたことのない浄土は、どんなに心安らかな世界と聞いたところで、恋しいとは思うておらんもんな。それはやっぱりわしらの煩悩がそれだけ強く盛んなんじゃよ。

でもな、唯円さん……。どれだけ名残《なごり》惜しく思うておっても、この娑婆《しゃば》にいる縁がいよいよ尽きて、どうにもこうにもならんようになって命終えていくとき、わしらは浄土に参らせてもらおうや。阿弥陀さまは、早く浄土に生まれたいなんて思うてもおら

んこんなわしらを、特に心配しておられる。これだからこそ、阿弥陀さまの大いなる慈悲の願いはますますたのもしいし、わしらが浄土に生まれることはいよいよ間違いないということよ。

逆にな、わしらみたいな者に、踊り上がるような喜びが起きて、早く浄土に生まれたいとか思う心があるようなら、〈はて、煩悩がなくなってしまったかの？〉と、かえって不安になったりしてな。ほほほほ。困ったもんよの、唯円さんや」

と実にいいお顔でおっしゃっておられたのよ。忘れられんすばらしい時間じゃったわい。

Point 打ち明けてよかった

深刻な課題に永く悩み続けた唯円《ゆいえん》さんが、ついに意を決して親鸞《しんらん》さまに質問をする、とても劇的な条文です。その場の状況すべてを含めて、唯円さんには一生忘れられない、とびきり大切なお言葉だったと思われます。だから、この条は長文なのでしょう。「念仏申してはいますが、お経に書かれているような喜びの心が湧いて来ません」。なかなか訊《き》きにくい内容ですよね。「どんなに叱責《しっせき》されるだろうか」、「破門さえ宣告されかねない」。そんな不安の中で唯円さんが聞いた親鸞さまのお言葉は、「親鸞《しんらん》も、この不審《ふしん》ありつるに、唯円房《ゆいえんぼう》おなじこころにてありけり」でした。この感動的な場面を、原文と意訳文とで、じっくり読んでみてください。

第十条

つけたし無用

そうそう。
親鸞《しんらん》さまが、法然《ほうねん》さまから
よく聞いたとか
言われていた言葉があったのう。
念仏の教えの受け止め方に関する
ちょっとおもしろい言い方でな
確か……
こんな言い方だったと思うが。

音読してみる

一《ひとつ》　念仏《ねんぶつ》には*無義《むぎ》をもって義《ぎ》とす。不可称不可説不可思議《ふかしょうふかせつふかしぎ》のゆゑ《え》にと仰《おお》せ候《そうら》ひき。

無義をもって義とす　唯円が親鸞聖人から実際に聞いた言葉は、「無義をもって義とす」ではなく、「義なきを義とす」だったと思われる。親鸞聖人の著作に見られるのは、「義なきを義とす」という表現であり、「無義をもって義とす」という表現は見られないからである。『歎異抄』は唯円が約30年前に親鸞聖人から聞いた言葉を記したものである。こういった多少の表現の違いも、かえって『歎異抄』の言葉が唯円の「耳の奥に残っている」（序・18頁）言葉であったことを物語っていると言えるだろう。

思い浮かべてみる

念仏の教えには、無義《むぎ》をもって義《ぎ》とすると言うてな。

つまり、この教えには、勝手な思いや考えをさしはさんで手垢《てあか》をつけんこと（無義）、これがいちばん大事なこと（義）ということよ。

なぜかと言うと、阿弥陀《あみだ》さまのこの念仏の教えたるや、わしらみたいなものがそのお徳を把握して讃《ほ》めたたえることもできんし、説き尽くすこともできん。思いはかることさえできないものだからの。

と言っておられたよ……。

ナンマンダブ
ナンマンダブ
ただただ
あおぐだけ

Point

闇は闇を破れない

「念仏《ねんぶつ》には無義《むぎ》をもって義《ぎ》とす」。『歎異抄《たんにしょう》』では、何の説明もなく周知の言葉のような扱いですが、実際は、かなり難解です。親鸞さまの別のお書物では、これと同意文を、「本師聖人《ほんししょうにん》（法然《ほうねん》さま）の仰せごと」とされ、そこでは、「無義」の「義」を、「行者のはからい（私たちの自力《じりき》）」とされていますから、他力《たりき》念仏の教えでは、自力が混入してはならないという意味だと思われます。では、その自力は、どうやったら捨てられるでしょう。闇は、闇自身の力で闇を破ることができないように、自力も、自力では捨てられません。自力で自力を捨てようと努力しても、最後に残る自力は、誰が捨てるのでしょう。他力にまかせることで、おのずと自力がなくなる以外にはないのです。

後序（その1）

親鸞さまと同じ心を

まあ、ここまで
いろいろと言うてきたわけじゃがの。
そもそも教えに対する
あやまった理解というものが
何故出てくるのか
そこのところを
きちんと考えておかんといかんじゃろう。
最後にそのことについて
話をしようかの。

音読してみる

一《ひとつ》 *右条々《みぎじょうじょう》は、みなもって信心《しんじん》の異《こと》なるより ことおこり候《そうろう》ふか。故聖人《こしょうにん》の御物語《おんものがたり》に、法然聖人《ほうねんしょうにん》の御時《おんとき》、御弟子《おんでし》そのかず おは《わ》しけるなかに、おなじく御信心《ごしんじん》のひともすくなくおは《わ》しけるにこそ、親鸞《しんらん》、御同朋《おんどうぼう》の御中《おんなか》にして御相論《ごそうろん》のこと候《そうら》ひ《い》けり。

そのゆゑ《え》は、

「*善信《ぜんしん》が信心《しんじん》も、聖人《しょうにん》の御信心《ごしんじん》も一《ひと》つなり」

と仰《おお》せの候《そうら》ひ《い》ければ、*勢観房《せいかんぼう》・*念仏房《ねんぶつぼう》なんど申《もう》す御同朋達《おんどうぼうたち》、もってのほかにあらそひ《い》たまひ《い》て、

「いかでか聖人《しょうにん》の御信心《ごしんじん》に善信房《ぜんしんぼう》の信心《しんじん》、一《ひと》つにはあるべきぞ」

と候《そうら》ひ《い》ければ、

「聖人《しょうにん》の御智慧《おんちえ》・才覚《さいかく》ひろくおは《わ》しますに、一《ひと》つならんと申《もう》さばこそ ひがごとならめ。往生《おうじょう》の信心《しんじん》においては、まったく異《こと》なることなし、ただ一《ひと》つなり」

と御返答《ごへんとう》ありけれども、なほ《お》
「いかでかその義《ぎ》あらん」
といふ《う》疑難《ぎなん》ありければ、詮《せん》ずるところ、聖人《しょうにん》の御《おん》まへ《え》にて自他《じた》の是非《ぜひ》を定《さだ》むべきにて、この子細《しさい》を申《もう》しあげければ、法然聖人《ほうねんしょうにん》の仰《おお》せには、
「源空《げんくう》が信心《しんじん》も、如来《にょらい》よりたまは《わ》りたる信心《しんじん》なり。善信房《ぜんしんぼう》の信心《しんじん》も、如来《にょらい》より たまは《わ》らせたまひ《い》たる信心《しんじん》なり。さればただ一《ひと》つなり。別《べつ》の信心《しんじん》にておはしまさんひとは、源空《げんくう》がまゐ《い》らんずる浄土《じょうど》へは、よも まゐ《い》らせたまひ《い》候《そうら》は《わ》じ」
と仰《おお》せ候《そうら》ひ《い》しかば、当時《とうじ》の一向専修《いっこうせんじゅ》のひとびとのなかにも、親鸞《しんらん》の御信心《ごしんじん》に一《ひと》つならぬ御《おん》ことも候《そうろ》ふ《う》らんとおぼえ候《そうろ》ふ《う》。

右条々　第十一条～十八条を指す（本書未収録）。

善信　親鸞聖人《しんらんしょうにん》のこと。

勢観房　源智《げんち》（1183～1238）のこと。11歳で法然《ほうねん》聖人のもとにあずけられ、聖人示寂《じじゃく》まで常随した。京都の百万遍知恩寺《ひゃくまんべんちおんじ》の開基《かいき》で、その門流を紫野門徒《むらさきのもんと》という。

念仏房　念阿弥陀仏《ねんあみだぶつ》（１１５７～１２５１？）のこと。天台宗《てんだいしゅう》から法然聖人の門に転じた。京都嵯峨《さが》の往生院《おうじょういん》（現在の祇王寺《ぎおうじ》）の開基。

思い浮かべてみる

これまで言うてきたように（第十一条～第十八条〈本書未収録〉を指す）、ああやって親鸞《しんらん》さまと違うことを平気で言う者というのは、結局、肝心かなめの信心が違っておるんじゃろう。

これもな、いまは亡き親鸞さまから聞かせてもらった話じゃ。それは親鸞さまが、お師匠の法然《ほうねん》さまの所におられたときのこと。法然さまには、それこそたくさんのお弟子さんがおられたのだが、どうやらご信心を同じくされておる方というのは少なかったようでの。親鸞さまが《御同朋《おんどうぼう》》（同じ道を歩む友）としてお付き合いされていた他のお弟子さんと、こんな言い合いをされたことがあったそうな。

あるとき、ちょっとした話の流れから、親鸞さまが、

「この善信《ぜんしん》（親鸞聖人）の信心も、法然さまのご信心も同じです」

とおっしゃられたそうな。そしたら、勢観房《せいかんぼう》や念仏房《ねんぶつぼう》といった同門のお仲間が、存外にきつく反論しなさっての。

「ちょっと待て、善信さん。どうして法然さまのご信心と、お前さんほどの信心が同じなんてことがあろうか！」

とえらく怒りなさったんじゃて。だから親鸞さまが、

「いやいや。私が、法然さまの、あの底知れないお智慧《ちえ》や学識と、自分が同じだと言っているのなら、確かにそれはおかしいでしょう。でも、このたび浄土に生まれさせていただく信心については、まったく異なる所はない、ただ一つだと、そう申しあげて

おります！」

とお答えなさったそうなんじゃが、それでもな、

「なんと。智慧や学識が違えば信心も違うはずだ。なぜそんなことが言えるのだ！」

と相手もなかなか納得せず、お互いにこうして言い合いになられたそうな。

こうなったら最後は、どちらが正しいのか法然さまに直接お尋ねして、判断していただこうということになった。話を聞いておった者もあわさって、みなで法然さまの所へうかがったそうじゃ。そしてな、ことの顛末《てんまつ》を告げたところ、じっと聞いておられた法然さまがこう仰せになったんじゃて。

「この源空《げんくう》（法然聖人）の信心も、阿弥陀さまからいただいた信心じゃ。そして、善信さん（親鸞聖人）の

まったく違うでしょ
同じです
同じです
だって信心はいただくものだから

信心も、阿弥陀さまからいただいた信心。だったらまったく同じ、一つと言うべきでしょうな……。一方で、先ほどからしきりに信心が違う、別だとか言うておったそなたたち。そなたたちは、信心が違うのならこの源空が生まれようとする浄土へ参ることはありますまいぞ」

とな。このお話からすれば、法然聖人の当時から、同じように念仏を称《とな》えておる方々の中でも、どうやら親鸞さまのご信心と同じではない方がおられたということがわかるよの。

Point

天才の努力をも超える「いただいた信心」

親鸞《しんらん》さまが、法然《ほうねん》さまのお弟子方と論争になりました。その発端や経緯については、原文と意訳文にゆだねますが、その時の法然さまのお言葉が、「信心が同じだからこそ、ともに浄土に往生できる」とのお示しでした。仏教は因果の道理を説きますから、「してきた行いが違えば、行き先も違って当然」と思われるかも知れません。この道理も決して間違ってはいませんが、先の法然さまのお言葉は、さらに、その上を行きます。阿弥陀《あみだ》さまから往生・成仏の因として同じ信心を届けられているから、ともに浄土に往生できるのです。

後序（その2）

親鸞さまのつねの仰せ

音読してみる

いづれもいづれも繰《く》り言《ごと》にて候へ《そうらえ》ども、書《か》きつけ候ふ《そうろう》なり。*露命《ろめい》わづかに*枯草《こそう》の身《み》にかかりて候ふ《そうろう》ほどにこそ、あひ《い》ともなは《わ》しめたまふ《もう》ひとびと御不《ごふ》審《しん》をも うけたまは《わ》り、聖人《しょうにん》の仰《おお》せの候ひ《そうらい》し趣《おもむき》をも申《もう》しきかせまゐ《い》らせ候へ《そうらえ》ども、*閉眼《へいがん》ののちは、さこそ しどけなきことどもにて候は《そうらわ》んずらめと、歎《なげ》き存《ぞん》じ候ひ《そうらい》て、*かくのごとくの義《ぎ》ども、仰《おお》せられあひ《い》候ふ《そうろう》ひとびとにも、いひ《い》まよは《わ》され なんどせらるることの候は《そうらわ》んときは、故聖人《こしょうにん》の御《おん》こころにあひ《い》かなひ《い》て御《おん》もちゐ《い》候ふ《そうろう》*御聖教《おんしょうぎょう》どもを、よくよく御覧《ごらん》候ふ《そうろう》べし。おほ《お》よそ聖教《しょうぎょう》には、真実《しんじつ》・*権仮《ごんけ》ともに あひ《い》まじは《わ》り候ふ《そうろう》なり。権《ごん》をすてて実《じつ》をとり、仮《け》をさしおきて真《しん》をもちゐ《い》るこそ、聖人《しょうにん》の御本意《ごほんい》にて候へ《そうらえ》。かまへ《え》てかまへ《え》て、聖教《しょうぎょう》をみ、みだらせたまふ《もう》まじく候ふ《そうろう》。

大切《たいせつ》の証文《しょうもん》ども、少々《しょうしょう》ぬきいでまゐ《い》らせ候《そうろ》うて、*目《め》やすにして、この書《しょ》に添《そ》へ《え》まゐ《い》らせて候《そうろう》ふなり。

聖人《しょうにん》のつねの仰《おお》せには、「弥陀《みだ》の五劫思惟《ごこうしゆい》の願《がん》をよくよく案《あん》ずれば、ひとへ《え》に親鸞一人《しんらんいちにん》がためなりけり。されば*それほどの業《ごう》をもちける身《み》にてありけるを、たすけんとおぼしめしたちける本願《ほんがん》のかたじけなさよ」と御述懐候ひ《ごじゅっかいそうらい》しことを、いままた案《あん》ずるに、善導《ぜんどう》の「自身《じしん》はこれ現《げん》に罪悪生死《ざいあくしょうじ》の凡夫《ぼんぶ》、曠劫《こうごう》よりこのかたつねにしづみつねに流転《るてん》して、出離《しゅつり》の縁《えん》あることなき身《み》としれ」といふ《う》金言《きんげん》に、すこしもたがは《わ》せおは《わ》しまさず。

されば、かたじけなく、わが御身《おんみ》にひきかけて、われらが身《み》の罪悪《ざいあく》のふかきほどをもしらず、如来《にょらい》の御恩《ごおん》のたかきことをもしらずして迷《まよ》へ《え》るを、おもひ《い》しらせんがためにて候《そうら》ひ《い》けり。

まことに如来《にょらい》の御恩《ごおん》といふ《う》ことをば沙汰《さた》なくして、われもひとも、よしあしといふ《う》ことをのみ申《もう》しあへ《え》り。

聖人《しょうにん》の仰《おお》せには、

「善悪《ぜんあく》のふたつ、総《そう》じてもって存知《ぞんじ》せざるなり。そのゆゑ《え》は、如来《にょらい》の御《おん》こころに善《よ》しとおぼしめすほどに しりとほ《お》したらばこそ、善《よ》きをしりたるにてもあらめ、如来《にょらい》の悪《あ》しとおぼしめすほどに しりとほ《お》したらばこそ、悪《あ》しさをしりたるにてもあらめど、煩悩具足《ぼんのうぐそく》の凡夫《ぼんぶ》、火宅無常《かたくむじょう》の世界《せかい》は、よろづのこと、みなもってそらごとたは《わ》ごと、まことあることなきに、ただ念仏《ねんぶつ》のみぞまことにておは《わ》します」

とこそ仰《おお》せは候ひ《そうらい》しか。

まことに、われもひとも そらごとをのみ申《もう》しあひ《い》候《そうろう》ふなかに、ひとつ いたましきことの候《そうろう》ふなり。

そのゆゑ《え》は、念仏申《ねんぶつもう》すについて、信心《しんじん》の趣《おもむき》をもたがひ《い》に問答《もんどう》し、ひとにもいひ《い》きかするとき、ひとの口《くち》をふさぎ、相論《そうろん》をたたんがために、まったく仰《おお》せにてなきことをも仰《おお》せとのみ申《もう》すこと、あさましく歎《なげ》き存《ぞん》じ候《そうろう》ふなり。このむねをよくよくおもひ《い》とき、こころえらるべきことに候《そうろう》ふ。

これさらにわたくしのことばにあらずといへ《え》ども、経釈《きょうしゃく》の往《ゆ》く路《じ》もしらず、法文《ほうもん》の浅深《せんじん》をこころえわけたることも候は《そうらわ》ねば、さだめて をかしきことにてこそ候は《そうらわ》めども、古親鸞《こしんらん》の仰《おお》せごと候《そうら》ひし趣《おもむき》、百分《ひゃくぶん》が一《ひと》つ、かたはしばかりをも　おもひ《い》いでまゐ《い》らせて、書きつけ候《そうろう》ふなり。

かなしきかなや、さいはひ《わい》に念仏《ねんぶつ》しながら、直《じき》に報土《ほうど》に生《うま》れずして、辺地《へんじ》に宿《やど》をとらんこと。

*一室《いっしつ》の行者《ぎょうじゃ》のなかに、信心異《しんじんこと》なることなからんために、なくなく筆《ふで》を染《そ》めてこれをしるす。なづけて『歎異抄《たんにしょう》』といふ《う》べし。外見《がいけん》あるべからず。

露命　消えやすい露のようにはかない命。
枯草の身　枯れ草のように老い衰えた身。
閉眼　死ぬこと。
かくのごとくの義　第十一条から第十八条に示された念仏に関するあやまった理解。
御聖教ども　『唯信鈔《ゆいしんしょう》』『自力他力事《じりきたりきのこと》』『後世物語《ごせものがたり》』等を指す。
権仮　方便として仮に用いるもの。
目やす　箇条書《かじょうがき》にした文書。または標準の意。
それほどの　この箇所が「そくばくの」となっている異本が多数ある。その場合は「多くの」の意。
一室の行者　同じ念仏の教えをうけた同門の人々。

思い浮かべてみる

いや、なにせ年寄りが申すことじゃから、どれもこれも同じことの繰り返しになってしまっておるかしらんが（第十一条〜第十八条〈本書未収録〉を指す）、大切なことじゃから、こうして書いておいた。

わしの、ひとしずくの露《つゆ》のようにはかないこの命が、枯れ草のような老いぼれたこの身に残っておるうちは、まだよいよ。同じ念仏の道を歩む方々の疑問を聞かせてもらい、親鸞さまがおっしゃっていたことをお話しすることもできるからの。しかしこの命が終わってしまえば、それもできん。そうなればせっかくの教えが、それこそタガがはずれたように締まりのないことになっていってしまうじゃろう。そう思うと、いまからもう歎かわしくてのう……。

もし、いろんな連中がいままで言うてきたように、あれやこれや言い出して、なにが正しいのかわからなくなったときは、親鸞さまが大切に使っておられた聖教《しょうぎょう》を、よくよく見るようにするがよいよ。

まあその……、だいたい聖教といわれるものの中には、真実の教えがそのまんま説かれたものと、真実に導くために仮に説かれた教えとが混ざっておるというからの。仮に説かれた方便の教えは捨てて、真実の教えだけをよりどころとしてこそ、親鸞さまの本当のお心にかなうことになるじゃろ。よくよく気をつけて聖教を読み、勝手なことを言うて混乱させんようにしなされや。

だから大切な証拠となる親鸞さまの言葉をこの書に書き添えておこう。

これは親鸞さまが、しょっちゅう言われておったことじゃが、

「阿弥陀さまが、すべてのものを救いたいと五劫《ごこう》もの間をかけて考え抜かれた本願《ほんがん》だがな。よくよく考えてみると、あれは、ひたすらこの親鸞一人を救

うためのものだったんだなあ……。思えば、それほどご苦労してくださらんと救われんほどに深い罪をかかえとるこのわしに対して、〈絶対に見捨てない、かならず救う〉と思い立ってくださった阿弥陀さまの本願の、なんともったいないないことかのう」

と心の内を語っておられた。いまあらためてこのお言葉を味わってみると、これは善導大師《ぜんどうだいし》さまが、

「この自分はいま現に、深い罪業《ざいごう》をかかえ迷いの真っただ中にいるどうしようもない人間である。果てしないほどのはるか昔から、ずっと迷いの中に沈みこんでさまよい続けてきたのであり、この迷いの世界から抜け出る手がかりなど、なにひとつ持ち合わせていない身であると知るがよい」

とおっしゃった、あの尊いお言葉とまったく同じことを言っておられたんじゃな。

それをもったいないことにも、ああやっていつも親鸞さまがご自分の身にかけてお話しくださっていたのは、わしらがこれまでどれほどに深い罪をつくってきたかも知らず、一方でそれを救おうと思い立たれた阿弥陀さまのご恩の尊高《そんこう》さも知らんで、そんな風にしてずっと迷い続けとる。だから親鸞さまは、そのことに気づかせようと、ああやってご自分のこととして、お話しくださっておったんじゃろうて。

まことにわしらは阿弥陀さまのご恩ということには心を向けずに、みなお互いに、「あいつは良い」とか「こいつは悪い」とかそんなことばっかり言い合っとるが、親鸞さまはな、こうもおっしゃっておられたぞ。

「善と悪というのがあるが、あれは大体、わしにはさっぱりわからんのじゃ。というのはな、如来さまがご覧になって《善である》と言うほどに、わしにわかるんだったら、そりゃ善を知っておるという

ことにもなろう。同じように如来さまがご覧になって《悪だ》と言われるほど、わしにわかるんだったら、悪を知っておると言うてもよかろう。けれどわしらときたらどうだ。どんなものごとでも自分中心にしか見ない煩悩まみれのつまらん者よ。そしてこの世の中は、火がついた家みたいなもので、危ないし、なにもかもどんどんと移り変わっていく。そんな世界でわしらが何かやるといっても、すべてがみな空しく、ウソばっかりで、まことと言えるものはなにひとつない。なにひとつないんだが、そんなな

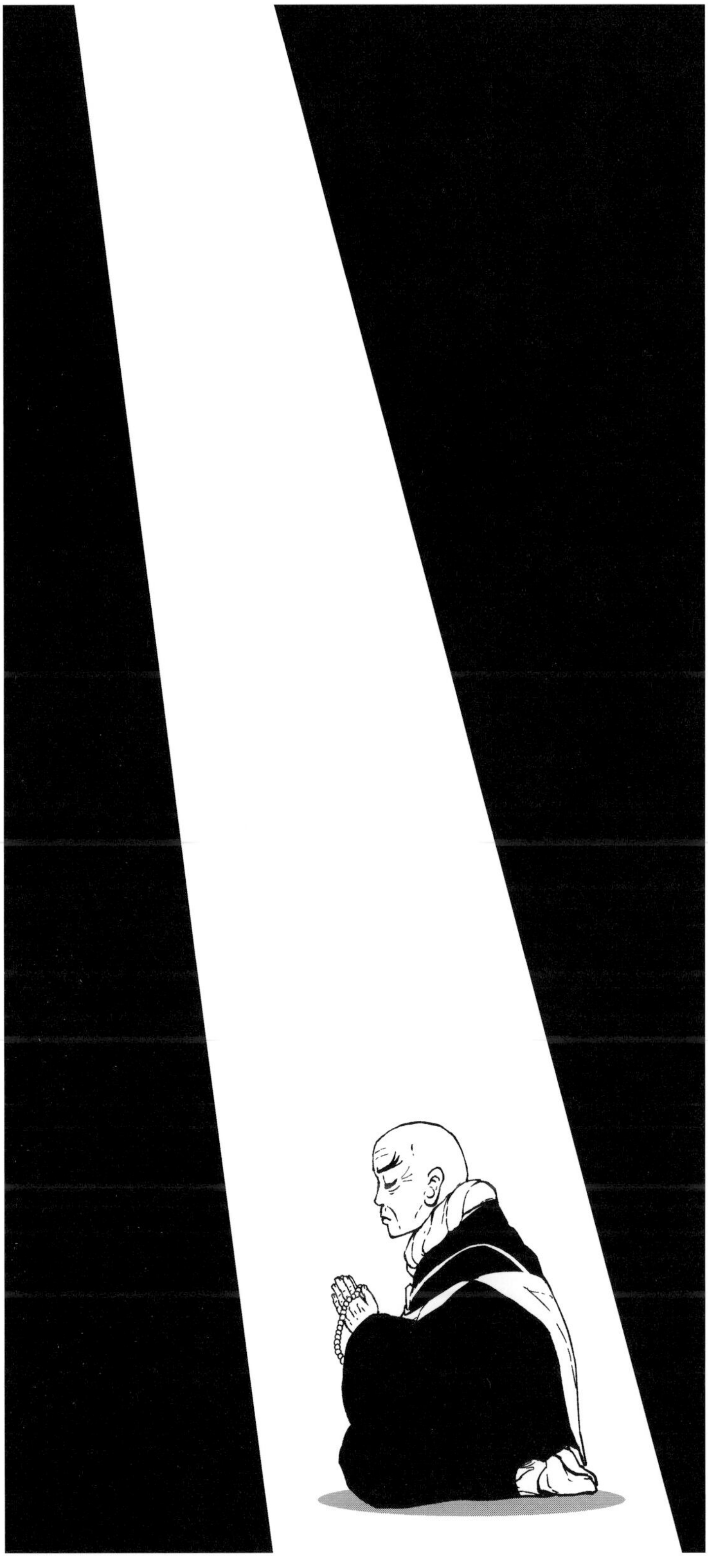

かでこの念仏だけがただひとつ、まことであってい
てくださるんじゃ」

とな。

ほんとにそうじゃよ。このわしも他の者も、そうやって空しいでまかせばっかり言い合って生きておるわけだが、そんな中でも、とりわけ心を痛めておることがひとつある。

それはな、念仏を申すことについて、その信心の内容をお互いにたずねあったり、人に説いて聞かせようとするとき、相手にものを言わせんようにすごんで黙らせたり、議論を終わらせるために、親鸞さまがおっしゃってもないことを、「親鸞さまがおっしゃった」とか言うて、でたらめをいう者がおるじゃろうが。もうあれだけは、まことに情けなくて、やりきれん思いがするよ。わしがこれまで言ってきたことを、よくよく心得てもらいたいもんじゃ。

いままで言ってきたことは、もちろんわしが自分で勝手に言うておるわけではない。ただな、わしはなにせその、経典とか註釈書なんかに説かれている道理も知らんし、そこに書かれておる言葉の深い意味もよくはわからんから、きっと、おかしなことを言うておる所もあるかしらん。

でもな、それでもいまは亡き親鸞さまがおっしゃっておられたことの100分の1ほどでも、ほんのわずかばかりだが、思い出して書き留《とど》めておいたんじゃ。だって悲しいじゃないか。せっかく念仏する身となったのに、真実の浄土に生まれることができずに、浄土の端っこで別世界にさみしく留まってしまったら。

だから同じ親鸞さまの教えをいただいた仲間のなかで、信心が違うことがないようにと強く念じて、泣く泣く筆をとってこれを書き記したのじゃ。

そんな思いを込めてこれを『歎異抄《たんにしょう》』と名づけようかのう。ただし、気のない者には、むやみに見せないようにしてくだされや。

Point

とてつもないご苦労は「親鸞一人がため」

阿弥陀《あみだ》さまは、「十方衆生《じっぽうしゅじょう》」を救うと誓われ、あらゆる者を等しく救いの目当てとされました。親鸞さまが、「ひとへに親鸞一人《しんらんいちにん》がため」と言われたのは、阿弥陀さまの救いを独占する意図ではありません。この直前には、「弥陀《みだ》の五劫思惟《ごこうしゆい》の願《がん》をよくよく案《あん》ずれば」とあります。「五劫」とは時間の単位で、1辺が40里の立方体の岩に、100年に1度天女が降りて舞いを踊る。その時に羽衣が岩に擦れ、そのわずかな摩耗で岩が無くなる時間を一劫とすると言いますから、とてつもなく長い時間です。「十方衆生」を等しく救うのに、それほどの時間を要したのは、「十方衆生」の中に、とんでもなく困らせる者がいたからです。それが「親鸞一人であった」というのが、この言葉です。

親鸞《しんらん》さまってどんな人？

親鸞さまって、唯円さんやお弟子さんたちの問いを、同じ目線でしっかりと温かく受け止めていて、とっても優しい方だったたんだね。
なんか、〝親鸞さまってどんな人なんだろう？〟って興味がわいてきたよ。
若先生、親鸞さまは、どんな人生を送った人なの？

親鸞さまの生涯

出家……9歳

比叡山《ひえいざん》で修行……9〜29歳

六角堂《ろっかくどう》の夢告《むこく》……29歳

法然《ほうねん》さまとの出遇《であ》い……29〜35歳

越後《えちご》に流罪《るざい》……35〜42歳頃

関東で布教……42歳頃〜60歳頃

京都へ帰る……60歳頃

善鸞《ぜんらん》義絶《ぎぜつ》……84歳

往生……90歳

親鸞さまに興味をもってもらえて嬉しいよ。
実はね、親鸞さまにはたくさんの著作があるんだけど、書かれているのは、自分を救ってくださる阿弥陀さまのすばらしさばかりで、自分のことはほとんど記していないんだよ。
でも、親鸞さまの人生は、妻の恵信尼《えしんに》さまのお手紙や、後の人たちが大切に語り継いだ伝記で知ることができるんだ。
じゃあ、順を追って話していくね。

わずか9歳で出家

親鸞さまは平安時代の終わりの承安《じょうあん》3（1173）年に京都に誕生されたんだ。この頃は貴族中心の社会から武家中心の社会に移り変わっていく時代の転換期で、社会は不安定だった。おまけに、地震や台風が起こったり、飢饉《ききん》や疫《えき》病《びょう》が流行したりして、日本中が大混乱していたんだよ。

　親鸞さまは下級貴族の日野《ひの》有範《ありのり》という方の長男として誕生したんだ。その下には4人の弟がいたんだけどね。父も兄弟たちも全員が出家してお坊さんになっている。貴族だったお父さんの跡を誰も継がずに出家するのは異例なことで、一家に何か大変なことがあったと考えられているけど、詳しいことはわかっていないんだ。

　親鸞さまが出家したのは9歳の時で、「範宴《はんねん》」という名前のお坊さんになったんだ。今なら小学校低学年の歳だね。伝承では、この時到着が遅かったので、出家の儀式は明日にしようと提案されたのに対し、「明日《あす》ありと　思う心のあだ桜　夜半《よわ》に嵐の　吹かぬものかは」という歌で返答したと言われている。つまり、いつ散るともわからない桜と自分のいのちを重ね合わせ、「いや、今やりましょう」と言われたというんだ。かっこいいよね。

見えてきたのは「煩悩《ぼんのう》」ばかり

親鸞さまが出家したのは比叡山延暦寺《ひえいざんえんりゃくじ》。日本天台宗の開祖・最澄《さいちょう》さんが開いたお寺だね。親鸞さまは、ここで厳しい修行をして、煩悩をなくし仏の悟りを得ることを目指したんだ。

親鸞さまは延暦寺で「堂僧《どうそう》」をしていたといわれているよ。「堂僧」はお堂に籠《こも》って修行をする僧侶のことなんだけど、その修行というのがすごくて、90日間寝ないで阿弥陀如来の仏像のまわりをグルグル回ってひたすら念仏を称《とな》え、阿弥陀如来に実際にあうことを目標にするものだったんだよ。ほんとにそんな修行できるの?と思っちゃうくらい厳しい修行だよね。

親鸞さまは懸命に努力したんだけど、見えてきたのは自分の心のなかの「煩悩」ばかりで、清らかな仏の悟りに近づくことはできなかったんだ。そんなときに〝どんな人も念仏一つで救われる〟と説く〝法然〟という人の噂《うわさ》を耳にしたんだ。

法然のもとへ行くべきか、行かざるべきか。親鸞さまはすごく悩んだんだ。そのとき親鸞さまは29歳。比叡山に上ってちょうど20年たった頃だったんだ。

〝法然《ほうねん》〟のところへ向かえ！

悩んだ親鸞さまが向かったのが、京都の街中にある六角堂《ろっかくどう》（頂法寺。現・京都市中京区）というお寺だった。親鸞さまが「和国《わこく》の教主《きょうしゅ》（日本のお釈迦《しゃか》さま）」と尊敬した聖徳太子《しょうとくたいし》が建てたと伝わるお寺だよ。観音菩薩《かんのんぼさつ》から夢のお告げをもらえることで有名で、人生の指南を得るために、悩みを抱えた多くの庶民が参籠《さんろう》（お籠《こも》り）していたんだ。

親鸞さまも今後の進むべき道を見いだすために六角堂へ向かった。それも１００日間も参籠しようという強い決意をもって。

参籠をはじめて95日目の暁《あかつき》（夜半過ぎ）、ついに親鸞さまは観音菩薩から夢のお告げを授かった。そのお告げについては、「行者宿報《ぎょうじゃしゅくほう》の偈《げ》」と「磯長《しなが》の廟窟偈《びょうくつげ》」のどちらかじゃないかと言われてるけど、いまは前者の方がやや優勢かな。この偈にはね、もし戒律《かいりつ》をやぶって女性と交わることがあっても、立派な生涯を送らせ浄土へ導こうという観音菩薩の言葉が示されているんだ。

親鸞さまはこの夢のお告げを、「どんな人でも念仏一つで救われると説く法然《ほうねん》のところへ向かえ！」というメッセージだと受け止め、すぐに法然さまのもとへ向かったんだ。

「ただ念仏」の救い

法然さまの吉水《よしみず》（現・京都市東山区）の草庵《そうあん》には、貴族や武士、それから農民や猟師といった人たちまで、ほんとにいろんな人が集まっていたんだ。

法然さまは、自分のことを「修行もさとりも極めることができない〝愚か者〟」と語っておられた。比叡山《ひえいざん》では「智《ち》慧《え》第一《だいいち》の法然房《ほうねんぼう》」とまで言われていた方だから、親鸞さまもびっくりしただろうね。その「愚か者」のために阿弥陀さまが用意してくださったのが「念仏」だと法然さまはおっしゃるんだ。『歎異抄』に、「ただ念仏して、阿弥陀さまにたすけていただくのですぞ」（第二条、28頁）という法然さまのお言葉が出ていたよね。

それから100日もの間、親鸞さまは法然さまの説法を聞き続けた。そして比叡山での修行を捨て、煩悩《ぼんのう》をもった愚かな自分をまるごとつつみ込む阿弥陀さまの本願《ほんがん》をよりどころとして歩むことを決意されたんだ。

親鸞さまは、「綽空《しゃくくう》」という名前を法然さまから頂戴して、入門からわずか4年という異例の早さで、法然さまの主著『選択《せんじゃく》集《しゅう》』と肖像画（似顔絵）を写すことを許されているんだ。これはいわゆる「免許皆伝」だよ。親鸞さまが法然さまの教えを正しく受け取っていたことがわかるね。

愚か者・親鸞

残念なことに、法然さまのもとで過ごす日々はそう長くは続かなかった。念仏の教えがひろまるにつれて、奈良や比叡山《ひえいざん》のお坊さんから批判が起こって、法然さまたちは朝廷に訴えられてしまったんだ。そして建永《けんえい》2（承元《じょうげん》元・1207）年、親鸞さま35歳の時、ついに朝廷から念仏の禁止（念仏弾圧）が言い渡されて、法然さまは土佐《とさ》（高知県）へ、親鸞さまは越後《えちご》（新潟県）へ流罪となってしまう。法然さまと親鸞さまは僧侶の資格（僧籍《そうせき》）をはく奪されて、それぞれ藤井《ふじい》元彦《もとひこ》・藤井善信《よしざね》という俗人の名前（俗名）を付けられてしまった。そして悲しいことに、これが2人の今生の別れとなってしまったんだよ。親鸞さまが越後にいる間に、法然さまは命を終えられてしまったんだ。

親鸞さまはこの事件を経て、「愚禿親鸞《ぐとくしんらん》」（愚か者・親鸞）と名のった。僧侶でも、俗人でもなく、阿弥陀さまの本願をよりどころにして、世俗のなかで生きていくことを決意されたんだね。その頃すでに恵信尼《えしんに》さまと結婚していたようで、家族で越後に行かれたと言われているよ。

いざ、関東へ

流罪が解かれた後、親鸞さま一家は、法然さまから受け継いだ念仏の教えを伝えるために関東の地へ向かったんだ。

その途中、「佐貫《さぬき》」（群馬県）という所で、大規模な干ばつに苦しむ人たちに出会って、お経を読む功徳《くどく》によって人びとを救おうとした。しかしそれは「自力」の行いであることに気づいて中止したんだ。この時の経験が、慈悲について語られた『歎異抄』第四条（36頁）のお言葉の下地にあるとも考えられているんだよ。

関東では、常陸国《ひたちのくに》「稲田《いなだ》」（茨城県笠間市）を拠点にして、武士・農民・漁民・猟師・行商人など様々な人を相手に布教の日々を送られた。その中から有力なお弟子が現れて、それぞれの地域でお弟子のグループが誕生したんだ。でも、「弟子」と言っても、『歎異抄』に「この親鸞は、一人の弟子も持ってはおらん」（第六条、46頁）と言われているように、親鸞さまはご縁のあった方たちを師弟関係では捉えず、ともに同じ念仏の道を歩む仲間（同行《どうぎょう》・同朋《どうぼう》）と受けとめたんだよ。

こうして親鸞さまは約20年の間、関東でたくさんの方に教えを伝えられて、60歳をこえた頃京都に戻ったんだ。

悲しい親子の別れ

京都に戻った親鸞さまは、主著『教行信証《きょうぎょうしんしょう》』の完成を目指すなど、書物の執筆を精力的に行っていたんだ。

一方、リーダー不在となった関東では、親鸞さまの教えを誤って理解する人が現れて、次第に混乱していってしまう。迷ったお弟子たちは、親鸞さまに手紙を送って質問したり、直接京都に出向いて相談したりしたんだ。

親鸞さまはこの混乱を治めるために、息子の善鸞《ぜんらん》さんを関東へ派遣するんだけど、善鸞さんはあろうことか親鸞さまとは異なった理解を語ってさらに混乱を大きくしてしまった。親鸞さまは悩んだ末、善鸞さんと親子の縁を切る（義《ぎ》絶《ぜつ》）決断をされたんだ。84歳の時のことだよ。親鸞さまにとってはほんとうに辛い決断だったと思うな。関東から京都へ赴いた唯円さんたちとの緊迫したシーンが記された『歎異抄』第二条（24頁）は、この出来事が関係していると考えられているんだ。

こんな辛く悲しいことを抱えながら、親鸞さまは生涯ずっと阿弥陀さまの教えを伝えていかれたんだ。そして、弘《こう》長《ちょう》2年11月28日（1263年1月16日）、90年の生涯を終えて、阿弥陀さまの浄土に往生されたんだ。

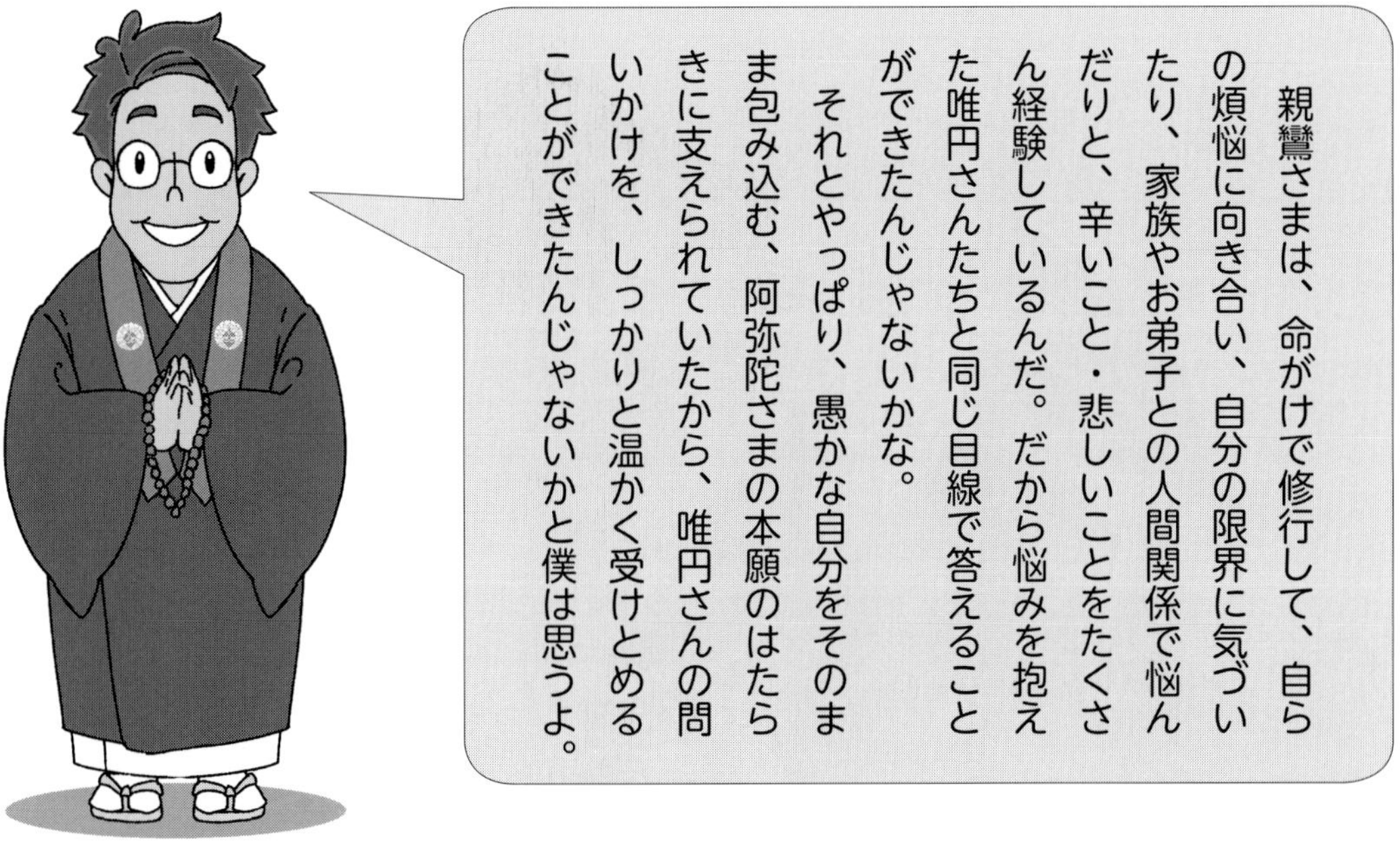
親鸞さまは、命がけで修行して、自らの煩悩に向き合い、自分の限界に気づいたり、家族やお弟子との人間関係で悩んだりと、辛いこと・悲しいことをたくさん経験しているんだ。だから悩みを抱えた唯円さんたちと同じ目線で答えることができたんじゃないかな。
それとやっぱり、愚かな自分をそのまま包み込む、阿弥陀さまの本願のはたらきに支えられていたから、唯円さんの問いかけを、しっかりと温かく受けとめることができたんじゃないかと僕は思うよ。

親鸞さま関連年表

年齢	西暦	親鸞さまの事跡	関連事項（＊は『歎異抄』関連）
	1133		法然（源空）、美作国久米（岡山県久米郡久米南町）に誕生。
1	1173	京都に誕生。	
3	1175		法然、専修念仏に帰入。
9	1181	出家・得度し、比叡山で修行。	
26	1198		法然、『選択本願念仏集』を選述。
29	1201	京都の六角堂に参籠し、夢告によって法然（源空）の門下に入る。	
32	1204	「七箇条制誡」に「僧綽空」と署名。	法然、専修念仏批判に対して誓文を山門に送り、門弟に「七箇条制誡」への署名を求める。
33	1205	法然に『選択本願念仏集（選択集）』の書写と影像（肖像画）の図画を許される。	＊この頃「信心一異」の論争が起こる（『歎異抄』後序）。綽空の名を「善信」または「親鸞」と改める。
35	1207	承元（建永）の法難。越後（新潟県）に流罪。以後、「愚禿親鸞」と名のる。	法然、土佐（高知県）に流罪。＊『歎異抄』の末尾に流罪記録。
40	1212		法然、示寂（80歳）。
42頃	1214	常陸（茨城県）に赴き関東を教化する。常陸へ向かう途中、佐貫で「浄土三部経」の千回読誦を発願し、やがて中止する。	
52	1224	『教行信証』の草稿を執筆。	
60頃	1232	この頃京都へ戻る。	
83頃	1255		＊この頃唯円（推定34歳）が親鸞を訪ねる（『歎異抄』第二条）。
84	1256	長男の善鸞を義絶。	
90	1263	親鸞示寂（弘長2年11月28日）。	
	1283		＊親鸞示寂から約20年後に『歎異抄』が執筆される。
	1288（1289）		＊唯円示寂（推定68歳）。

※親鸞さまが示寂された「弘長2年11月28日」は太陰暦（旧暦）で表したものです。弘長2年のほとんどの期間は、西暦1262年に該当しますが、11月28日は、太陽暦（新暦）の1月16日にあたりますので、示寂の年を1263年と表示しています。

唯円《ゆいえん》さんってどんな人?

唯円さんは謎の人物?

『歎異抄《たんにしょう》』を読むと、
唯円さんって、
すごくまじめで
繊細な人だったのかなって
思ったんだけど、
実際、唯円さんって
どんな人だったのかな?

『歎異抄』の著者として
有名な唯円さんだけど、
実は、わからないことも多いんだ。
ここからは、唯円さんゆかりの
報仏寺《ほうぶつじ》(茨城県《いばらきけん》水戸市《みとし》河和田町《かわわだちょう》)や
立興寺《りゅうこうじ》(奈良県《ならけん》吉野郡《よしのぐん》下市町《しもいちちょう》)に
伝わっているお話、
それからその他のいろいろな史料を
参考にしながら、唯円さんとは
どんな人だったのか考えてみようか。

唯円さんの生《お》い立《た》ち

唯円さんは、常陸国河和田《ひたちのくにかわわだ》（現、茨城県水戸市河和田町）を拠点として活躍した人だと考えられているよ。でも、その生い立ちには諸説があって、謎に包まれているんだ。今は、そのなかの代表的な二つの説を見てみよう。

「平太郎《へいたろう》の弟」説

いきなり「平太郎」と言われても、「誰？」と思うかも知れないね。彼は、「大部《おおぶ》の平太郎」と呼ばれ、常陸国那荷西《なかのさいの》郡《ごおり》大部郷《おおぶのごう》（現、茨城県水戸市飯富町《いいとみちょう》）というところに住んでいた親鸞さまのお弟子さんで、『御伝鈔《ごでんしょう》』という親鸞さまの伝記のなかにも登場する、ちょっとした有名人なんだよ。

その「大部の平太郎」の弟である平次郎《へいじろう》が唯円さんである、というのが1つ目の説だよ。この説によれば、唯円さんは常陸国の生まれの常陸国育ち、生粋《きっすい》の「常陸っ子」と考えられるね。

「小野宮禅念《おののみやぜんねん》の子」説

小野宮禅念というのは、親鸞さまの末娘《すえむすめ》である覚信尼《かくしんに》さまの夫なんだ。禅念さんと覚信尼さまは再婚同士なんだけど、禅念さんと先妻《せんさい》との間に生まれた子が唯円さんである、というのが2つ目の説だよ。禅念さんと覚信尼さまとの間には、唯善《ゆいぜん》さんという人が生まれるんだけど、この唯善さんは後に、唯円さんの弟子になっているので、2人のつながりを考える上でも興味深い説だと思うよ。

禅念さんの父親は京都に住んでいた公家《くげ》で、禅念さんも京都に土地を所有し、そこで生活をしていたと考えられる。だから、唯円さんが禅念さんの子であるならば、唯円さんも京都で生まれ育った「京都っ子」であったと考えられるね。この説が記されている史料によると、唯円さんは、大部の平太郎に懇願されて常陸国に移り住んだということになっているんだ。

ちなみに、禅念さんが所有していた土地には、後に親鸞さまの廟《びょう》堂《どう》（建物つきの立派なお墓）が建てられて、それがやがて本願寺《ほんがんじ》となったんだよ。

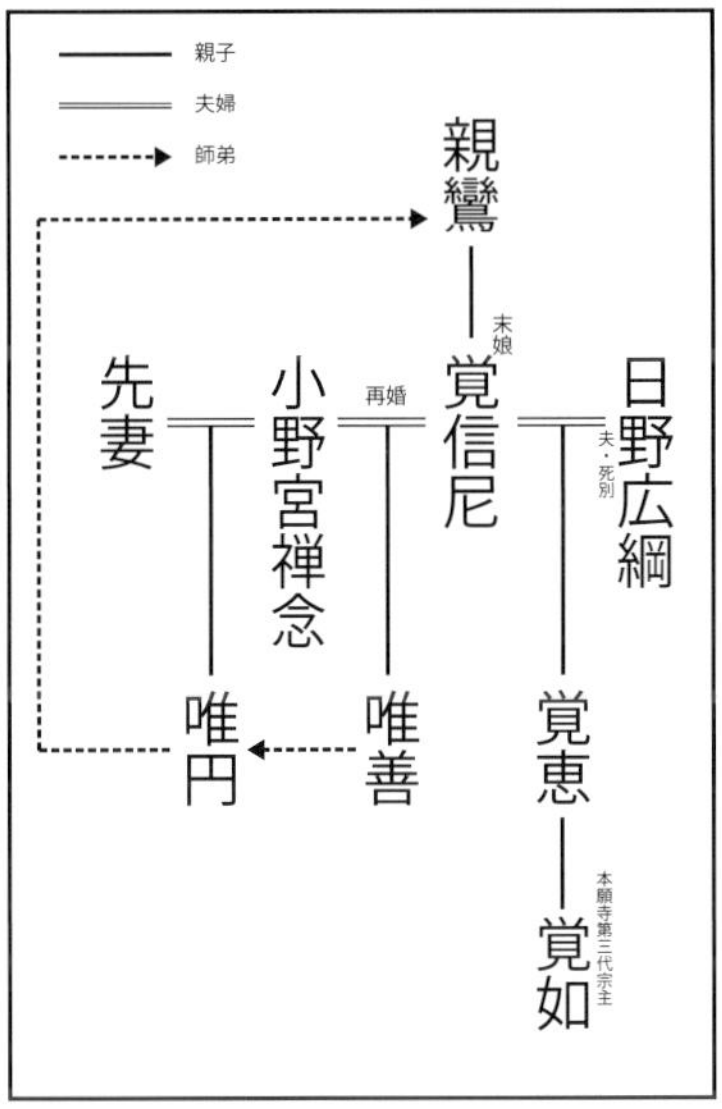

若き唯円さん

唯円さんが親鸞さまのお弟子となるきっかけとして、ちょっと不思議なエピソードが、報仏寺に伝わっているんだ。昔話風にいうと……。

それは、唯円さんが、平次郎という名前であったときのお話……平次郎は、とても気性の激しい人物だったそうじゃ。一方、平次郎の妻は、親鸞さまの教えをよく聞いて、お念仏を喜ぶ人じゃった。

あるとき、平次郎の妻が、親鸞さまからいただいた「帰《き》命《みょう》尽十方《じんじっぽう》無《む》碍《げ》光如来《こうにょらい》」という名号《みょうごう》を取り出して、熱心に礼拝《らいはい》していると、それを見た平次郎、妻が浮気相手からの手紙を読んでいるものと勘違いして、あろうことか、怒りにまかせて妻を刀で斬り殺してしもうたんじゃ。そして、遺体を竹藪に埋めて家に戻ると、なんと、その妻が平次郎を出迎えたではないか。彼があわてて竹藪に戻ると、不思議や不思議、そこには真っ二つに切られて血に染まった名号が埋まっておったということじゃ。

その不思議な出来事をきっかけに、平次郎は、自分の怒りにまかせた愚かな行いを心から悔《く》い、親鸞さまのお弟子となり、「唯円」という名前をいただかれたということじゃ。

深い悩みを持つ唯円さん

『歎異抄』第九条（56頁）に出てくる、親鸞さまと唯円さんのやりとりを読むと、唯円さんは、自分自身に対して嘘をつくことができない、純粋でまっすぐな性格の人だったと思えるんだ。だからこそ唯円さんは、善く生きようとしてもそれができないことに、深い苦悩を抱えておられたんじゃないかな。

純粋でまっすぐな性格であることで、深い苦悩を心に抱く……、今でも、こういう人はたくさんいると思うんだ。『歎異抄』の言葉は、よく、剃刀《かみそり》や名刀《めいとう》にたとえられるんだけど、それは、そこで語られる親鸞さまの言葉が、大変な鋭さと、読む者の本性に切り込むような緊張感を持っているからなんだ。

深い苦悩のなかにあった唯円さんの心に響いた、名刀のように鋭い親鸞さまの言葉の数々。その結晶《けっしょう》が『歎異抄』という書物なんだね。だからこそ、『歎異抄』は、時代を超えて多くの人々の心に響き続けているんじゃないかな。

才能豊かな唯円さん

親鸞さまのひ孫にあたる、本願寺の第3代宗主《しゅうしゅ》・覚如上人《かくにょしょうにん》の伝記に、正応《しょうおう》元（1288）年の冬に、唯円さんが京都にやってきて、当時19歳の覚如上人と会見をしたという記録があるんだ。そこには、覚如上人が、日頃から疑問に思っていたことを唯円さんと語り合い、浄土《じょうど》真宗《しんしゅう》の教えについて、ますます確信を深めましたと書いてあって、唯円さんについては、「すぐれた才能を持ち、ものごとの道理《どうり》を正しく説くことができる人として世に知られている有名人である」と称讃されているんだよ。

『歎異抄』は、約800年の時を超えて、今でも多くの人々に感銘《かんめい》を与え続けているよね。それには、親鸞さまのお言葉の持つ力に加えて、それを書き記した、唯円さんの文章力も大きな役割を果たしていると言われてるんだ。『歎異抄』は、親鸞さまと唯円さん、2人の才能が生み出した共著と言ってもいいかも知れないね。

唯円さんは、いつ、どこで亡くなられたのか？

　唯円さんがいつ亡くなったのかということについても、ちょっとした謎があるんだ。唯円さんの亡くなった年月日について、常陸の報仏寺《ほうぶつじ》の本尊《ほんぞん》の台には、「正応《しょうおう》元年八月八日」と記されているんだけど、その年の冬には、唯円さんは京都に来て、覚如上人と会見したという記録があるって、右ページの「才能豊かな唯円さん」でお話ししたよね。他にも、別の記録では、唯円さんは覚如上人《かくにょしょうにん》と会見した後、奈良県の大和《やまと》吉野下市へ赴いて、その地で亡くなったと記されていて、奈良県吉野下市町の立興寺《りゅうこうじ》には、唯円さんのお墓があるんだ。これはどういうことなんだろうね。

　これについては次のように推測されているんだ。まず、唯円さんが正応元年の「冬」に京都に来たというのは、たぶん親鸞さまのご命日（11月28日）にあわせての上京だった可能性が高いと考えられるんだ。昔は新幹線なんかないからね、関東から京都まで行こうとすると、何日も歩いて旅をしなければならなかったんだ。とすると、常陸の報仏寺に伝わる「正応元年八月八日」という日付は、実は、唯円さんが報仏寺を出発された日だったのではないかと推理できるんだ。

　その時の唯円さんは67歳、当時としては結構な高齢だったから、親鸞さまのご命日までに京都に到着するために、3カ月以上前に関東を出発されたということは大いにあり得ると思うんだ。そして、唯円さんは、そのまま報仏寺に戻ることがなかったので、報仏寺ではその出発日を命日として記録したのではないかと考えられるんだ。

　たぶん、唯円さんは、自分の死期が近いことを感じて、親鸞さまの墓前に最後のご挨拶をするために命がけで京都まで赴《おもむ》かれたのかも知れないね。親鸞さまに出会ってから命終えるまで、生涯親鸞さまのことを慕《した》い続けた……唯円さんとは、そんな人だったんじゃないかな。

エピローグ

若先生　カオリちゃん、どうだった？『歎異抄《たんにしょう》』について、ちょっとはわかってもらえたかな？

カオリ　うん、若先生のお話、すごくわかりやすかったし、おもしろかったよ。

若先生　そう言ってもらえると嬉しいよ。

カオリ　わたし、唯円さんってすごい人だなぁって思ったよ。

若先生　へぇ、それはどうして？

カオリ　だって、自分が死んでしまった後のことまで心配して『歎異抄』を書いたっていうんだもん。

若先生　なるほど。たしかにそうだよね。唯円さんは、異なった理解の人たちをただ批判するんじゃなくて、後の世の人が心配で仕方がなくて、『歎異抄』を書かれたからね。カオリちゃん、なかなか鋭いね。

カオリ　えへへ。でも、『歎異抄』のことが本当にわかったかというと……ちょっと自信ないかな？

若先生　ハハハ、そうだよね。いきなり全部を理解しようとしても難しいよね。でも、何か心に残ることがあったらそれでいいんじゃないかな。

カオリ　よかった。

若先生　僕は思うんだけど、僕たちはいろんな常識の中で生きてるわけだけど、いつも常識的に生きられるわけではないもんね。「良い人」であるべきだけど、そうなれないしさ。

カオリ　うん、わたしもほんとにそう思う。

若先生　だよね。そういう日常の中でいつの間にか心がつらくなった時、『歎異抄』を開いてほしいんだ。きっとそのたびに大切なことに気づかせてもらえると思うから。

カオリ　うんうん、『歎異抄』は昔のお話だけど、やっぱり今のわたしたちのためのお話なんだよね。

若先生　うん、僕はなにかあった時、いつでも『歎異抄』なんだよね。

■著者プロフィール■

井上　見淳（いのうえ　けんじゅん）

龍谷大学准教授。浄土真宗本願寺派司教。専門は真宗学。

著書：『歎異抄に問う―その思想と展開―』（共著、永田文昌堂）、

『親鸞教義の諸問題』（共著、永田文昌堂）、

『真宗悪人伝』（法藏館）、

『「たすけたまへ」の浄土教 ― 三業帰命説の源泉と展開』（法藏館）、

『勧学寮編　親鸞聖人の教え』（共著、本願寺出版社）、

『心に響くことば』（本願寺出版社）、

『日々の暮らしと、『歎異抄』』（本願寺出版社）他

一ノ瀬　かおる（いちのせ　かおる）

漫画家。2009年「イパーシャ」にて白泉社月刊『LaLa』よりデビュー。

著書：『西妖記』（講談社）、『未少年プロデュース』（白泉社）、

『身代わりの花嫁は、辺境伯に溺愛される』（KADOKAWA）、

『まんがでおまいり　西本願寺の発見』（本願寺出版社）他

いつでも歎異抄

2021年 3月31日 初　版発行
2023年12月21日 第6刷発行

著　者　意訳 井上 見淳　画 一ノ瀬かおる

編　集　井上 見淳　浄土真宗本願寺派総合研究所

発　行　本願寺出版社

〒600-8501
京都市下京区堀川通花屋町下ル
浄土真宗本願寺派（西本願寺）
TEL. 075-371-4171　FAX. 075-341-7753
https://hongwanji-shuppan.com/

印　刷　株式会社 図書印刷 同朋舎

定価は裏表紙に表示してあります。
〈不許複製・落丁乱丁本はお取り替えします〉

BD05-SH6-①21-32